股市狙擊手的高勝率SOP

陳榮華——著

系統化技術分析操盤SOP

1.用K線組合進行初步篩選

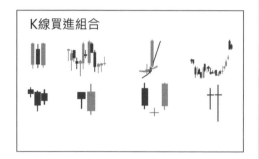

K線買進組合

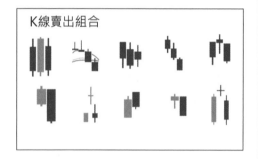

K線賣出組合

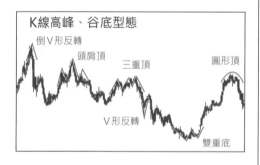

K線高峰、谷底型態

2.用壓力支撐判斷趨勢

(1)遇到壓力線不過為持續下跌徵兆，
   宜賣股或做空

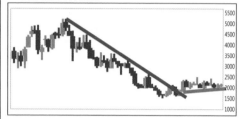

1.下跌無量碰觸到壓力線出量為空方格局宜避開

2.跌幅超過20%以上為空頭走勢形成，宜停損

3.突破下降壓力線後，股價可能形成盤整格局

(2)遇到支撐線反彈為持續走多，
   宜買股做多

1.上漲出量但拉回碰觸到支撐線量縮反彈為多方格局

2.股價走高並在高檔跌破支撐線，代表主力高檔出貨
   宜賣出或減碼

3.支撐線拉升角度太陡峭，代表突發利多將會短時間
   噴出見頂

4.支撐線拉升角度宜在30度角內波動，較溫和不容易
   暴漲暴跌

3.用籌碼判斷資金流向

月別	當月股價 收盤(元)	漲跌 (元)	漲跌 (漲幅)	發行 張數 (張)	赤裸立董監持股 持股 (%)	持股 增減	質押 張數 (%)	質押 增減	質押 (%)	獨立董監持股 持股 增減 (%)	持股 張數	質押 增減	質押 (%)	全體董監持股 持股 (%)	持股 增減	質押 張數	質押 增減	質押 (%)	外資 持股 (%)
2023/03	52.5	+2.55	+5.1	1,250															35.1
2023/02	49.95	+1.15	+2.4	1,250															35
2023/01	48.8	+8.1	+19.9	1,250	6.2	0	175,239	22.7	0	0	0	0	773,100	6.2	0	175,239	22.7	34.4
2022/12	40.7	-5.1	-11.1	1,248	773,100	6.2	0	175,239	22.7	0	0	0	773,100	6.2	0	175,239	22.7	32.5
2022/11	45.8	+6.7	+17.1	1,248	18,800	0	175,239	22.7	0	0	0	0	773,100	6.3	-18,800	175,239	22.7	32.8
2022/10	39.1	+3.55	+9.4	1,248	791,900	6.3	0	175,239	22.1	0	0	0	791,900	6.3	0	175,239	22.1	30.5
2022/09	35.75	-5.35	-13	1,248	3,500	0	175,239	22.1	0	0	0	0	791,900	6.3	+3,500	175,239	22.1	29.3
2022/08	41.1	+0.95	+2.4	1,248	788,600	6.3	0	175,239	22.2	0	0	0	788,600	6.3	0	175,239	22.2	30.8
2022/07	40.15	+1	+2.6	1,248	788,600	6.3	0	175,239	22.2	0	0	0	788,600	6.3	0	175,239	22.2	30.8
2022/06	39.15	-12.25	-23.8	1,248	788,600	6.3	0	175,239	22.2	0	0	0	788,600	6.3	0	175,239	22.2	30
2022/05	51.4	+3.6	+7.5	1,248	788,600	6.3	0	175,239	22.2	0	0	0	788,600	6.3	0	175,239	22.2	32.1
2022/04	47.8	-6.2	-11.5	1,248	788,600	6.3	0	175,239	22.2	0	0	0	788,600	6.3	0	175,239	22.2	30.6
2022/03	54	+1.9	+3.6	1,248	788,600	6.3	0	175,239	22.2	0	0	0	788,600	6.3	0	175,239	22.2	30.8
2022/02	52.1	-5.2	-9.1	1,248	788,600	6.3	0	175,239	22.2	0	0	0	788,600	6.3	0	175,239	22.2	33.2
2022/01	57.3	-7.7	-11.8	1,248	788,600	6.3	0	175,239	22.2	0	0	0	788,600	6.3	0	175,239	22.2	35.4
2021/12	65	+1.3	+2	1,248	788,600	6.3	0	175,239	22.2	0	0	0	788,600	6.3	0	175,239	22.2	37.5

1.董監持股6.2%+外資持股35.1%=41.3%(外資持續加碼,
後勢看好,通常50-70%之間是較佳)

週別	統計 日期	當週股價 收盤 (元)	漲跌 (元)	漲跌 (%)	集保 庫存 (萬股)	≤10張	>10張 ≤50張	>50張 ≤100張	>100張 ≤200張	>200張 ≤400張	>400張 ≤800張	>800張 ≤1千張	>1千張
23W10	-	52.5	+1.2	+2.34	-								
23W09	03/03	51.3	+1.35	+2.7	1,250	14.5	11.4	3.28	2.46	2.1	2.06	0.79	63.5
23W08	02/24	49.95	-0.05	-0.1	1,250	14.5	11.4	3.28	2.47	2.11	2.07	0.78	63.3
23W07	02/18	50	-0.8	-1.57	1,250	14.5	11.4	3.29	2.49	2.14	2.04	0.78	63.3
23W06	02/10	50.8	+0.7	+1.4	1,250	14.7	11.6	3.36	2.52	2.16	2.05	0.76	62.8
23W05	02/04	50.1	+4.15	+9.03	1,250	15	11.9	3.44	2.58	2.18	2.03	0.75	62.1
23W03	01/19	45.95	+0.55	+1.21	1,250	15.7	12.7	3.68	2.75	2.26	1.97	0.73	60.2
23W02	01/13	45.4	+3	+7.08	1,250	15	13	3.76	2.79	2.31	1.96	0.74	59.6
22W01	01/07	42.4	+1.7	+4.18	1,250	16.4	13.4	3.89	2.91	2.37	2.02	0.7	58.3
22W53	12/30	40.7	-1.25	-2.98	1,250	16.4	13.4	3.89	2.91	2.37	2.01	0.74	58.3

2.千張持有比例63.5%籌碼持續增加中(千張持股每月成
長3%最棒)散戶出大戶接,有利後勢軋空行情產生!

投本比買超							
排名	代碼	名稱	產業別	最新價	漲跌	漲跌%	日期	日投本比
1	1605	華新	電器電纜	51.7	-1.1	-2.08%	3/17	+1.09%
2	3675	德微	半導體業	300	+4	+1.35%	3/17	+0.87%
3	6732	昇佳電子	半導體業	382	-8	-2.05%	3/17	+0.84%
4	2731	雄獅	觀光事業	118.5	-1	-0.84%	3/17	+0.78%
5	6643	M31	半導體業	628	+6	+0.96%	3/17	+0.76%

3.投本比3%~10%的比率往上走,是股價上漲的黃金時期。
這個時候可能是不錯的進場布局時機,當大盤多頭,處於
上升趨勢時,投本比持續往上走,搭上順風車的機會大。

4.利用MACD、DMI、KD 決定買賣點

加權指數（0000）

1.當MACD指標柱狀由綠翻紅,DIF及MACD兩條線呈現
金叉往上,配合KD指標金叉往上及DMI指標出現+DI
穿越-DI時為最佳買進點。

2.當MACD指標柱狀由紅翻綠,DIF及MACD兩條線呈現
死叉往下,配合KD指標死叉往下及DMI指標出現-DI穿
越+DI時為最佳賣出點。

3.不管是買進還是賣出,三個指標要完全符合時才進場,
缺一不可。

4.當3個指標完全符合時,要以最後達成條件的指標對應
上去的K線為買賣進出依據,這樣可避開單一指標的誤
導。

不滿足 ETF 獲利情況？
自己操盤賺更多！

　　投資大師巴菲特曾說：「最好的投資就是投資自己」。想掌握股市操作致勝的方程式，有人選擇重新學習新的思維、新的操作方式，有人仍用過去的方式買賣股票。

　　面對瞬息多變的股市，**趨勢洞察力、策略制定力、市場分析力及操作執行力**是股民戰勝股市的核心能力。唯有看清未來產業格局的遠見，方能擬定清晰可行的決策，透過大數據洞察機會與風險，方能在股市趨吉避凶大賺小賠，達到財富自由的境界。

　　技術分析就是門統計的藝術，透過過去到現在價格的變動，預測未來股價的趨向性，如能搭配基本財務分析，將可使投資者在股市立於不敗之地。

不要被高股息 ETF 騙了，學著自己操作股票

　　或許很多人會想直接買進高股息 ETF，不用費勁學習，這是種似是而非的想法。巴菲特在 2012 年給股東的信當中也說了，公司進行股票回購才是符合股東的最大利益方式，任何需要現金流的股東都可以通過出售股票來產生現金流。

　　無論市場是上漲還是下跌，股票是以獲利還是虧損的形式賣出產生現金流，現金配息一定會等於相同金額的股票出售。兩

者之間絕對沒有任何區別，單純只是型式上的差異。所以無論投資人到底有沒有損失趨避的心態，最後的實質結果肯定還是一樣的，人們寧可公司配息給他們，也不願自己賣出股票來產生現金流，因為認賠的感覺真的很痛苦。

公司現金配息等同於你賣出相同金額的股票，這跟收到多少股息、股價是上漲還是下跌，一點關係都沒有！如果考慮到稅負成本，透過變賣股票來產生現金流，反而還比較節省稅負成本，因為在台灣資本利得不須繳稅，但是股利需要併入綜所稅或採分離課稅還有健保補充費。

舉例來說，有某支月月配高股息 ETF，其組合 98.6％都是半導體及電子股，一看就知道該 ETF 承擔過大個股風險或忽略公司的內在價值。投資者故意不去面對高配息或有可能來自高收益平準金，忽略配息可能是來自本金，最終將賺了配息賠了大量本金，所以把股利當作免費的餡餅。這些心理上的盲點，還常常被金融業者利用，進而割韭菜於無形之中，尤其是單一族群股價趨勢反轉時更加明顯。

因此，利用技術分析判斷，當股價即將轉為空頭走勢時，提早做出反應，將資金撤出危險轉向安全標的是必須具備的功課。

圖1 股票空頭走勢在高檔月 KD 死叉往下，約 19 個月見底

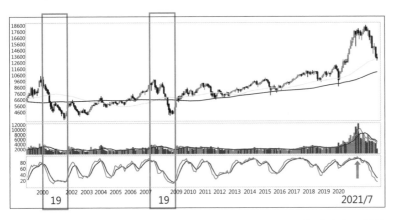

圖表來源：網路

按照理論來說，只要不是空頭下跌走勢，無論是長線買股或是存股，都不至於出現太大的虧損。本書有詳細地介紹台股過去大事記，讀者很容易去辨別空頭市場是如何形成。鑑古可以知今，然而在技術分析裡可以發現，當月 KD 高檔形成死叉往下，基本上要 19 個月才能見底，從下圖可以清楚發現，近期台股走空是在 2021 年 7 月時月 KD 已開始走空，但高點 18,619 點是 2022 年 1 月才到達的。

　　由此可見，技術分析的反轉較真實空頭反轉提前，如果按照過去 19 個月來推算，預計空頭落底時間在 2023 年 2 月，這跟真實落底月份 2022 年 10 月落後 4 個月。

　　這中間當然遇到很多人為干預導致落底時間提前，但是整體結果雖不中亦不遠，所以說技術分析是門統計的藝術不是誇大。而整個 K 線型態在萬六形成頸線支撐，因此，如無重大利空，大選前都有機會守住這個關鍵價位。

圖 2 **本波大盤高檔月 KD 死叉往下 19 個月離最低點很接近**

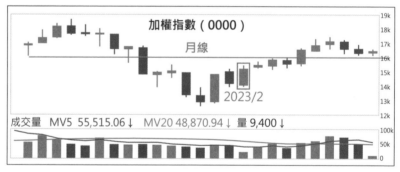

資料來源：作者整理

　　美國聯準會（FED）目前的利率相當高，這意味著緊縮性的貨幣政策短時間還不至於鬆綁。基本上升息之所以會造成股市指數的下跌，因為利率反映資金的機會成本，資金雖然在股市之中，可以獲取比較高的報酬率，但也是必須承擔的風險。

　　因此當利率越高的時候，願意在股市冒險的誘因就會越小，大家可以想像如果我們目前的利率，一口氣提高到 10%，那還有

誰願意在股市裡衝鋒陷陣呢？不如把錢放在銀行獲得利息，既安全報酬又高；當資金不願意往股市移動，指數下跌也就是可想而知的事了。

既然未來很長時間內，股市因利率因素而呈現變數，尤其上市櫃公司營收會因大環境而改變，投資者除須要具有判斷股價多空靈活操作外，也可以利用簡單的財務公式計算，簡單地找到股價的便宜貨昂貴價，配合本書的技術分析買賣點，更能一擊必中。

股票低接高出並不難，投資人要勇於嘗試

以下提供本益比 3 種判斷股價高低的方式（目前財報指公布到第二季，以下例子均以 2023 年 1、2 季加 2022 年 3、4 季每股盈餘數字得出）。

1. 本益比高低法

由於目前只公布前兩季財報資訊，如果要計算全年每股盈餘，只能把 2022 年第 3 季及第 4 季加入得出大概。以下以廣達為例：

圖 3　廣達 2022 年 3 至 4 季跟 2023 年 1 至 2 季每股盈餘

年度/季別	每股盈餘	季增率%	年增率%	季均價
2023 Q2	2.63	56.55%	155.34%	94.76
2023 Q1	1.68	-27.90%	-4.00%	79.42
2022 Q4	2.33	-2.92%	-3.32%	80.79
2022 Q3	2.4	133.01%	-1.23%	84.17

$$2.63+1.68+2.33+2.4=9.04$$

資料來源：作者整理

初估 2023 年約賺 9.04 元，接下來從這幾年最高及最低本益比值去推算買賣股價及合理股價，其中平均本益比是從最高及最低本益比相加除 2 所得來。

圖 4　經過推算高低本益比後得出買賣點位

$$最低本益比 \times EPS = 可買入股價$$
$$平均本益比 \times EPS = 合理股價$$
$$最高本益比 \times EPS = 可售出股價$$
$$9.04 \times 8.62 = 77.9$$
$$9.04 \times 22.08 = 199.64$$
$$9.04 \times 35.55 = 321$$

年度	112	111	110	109	108	107	106	105
最高總市值	1,052,566	369,653	383,559	325,619	249,526	251,071	305,920	262,659
最低總市值	275,019	257,637	282,744	199,698	200,857	183,475	229,054	184,247
最高本益比	35.55	11.18	17.82	20.58	15.99	16.88	21.35	15.07
最低本益比	9.38	8.62	8.96	12.80	13.02	12.84	14.42	10.06
股票股利	N/A	0.00	0.00	0.00	0.00	0.00	0.00	0.00
現金股利	N/A	6.00	6.60	5.20	3.70	3.55	3.40	3.50

資料來源：作者整理

可以發現合理股價 199 元，而第二季財報在 7 月公布，從圖表可以知道買點相當漂亮後來漲到 282 元，獲利豐厚。

圖 5　廣達在 2023 年 7 月碰觸合理買進點後上漲

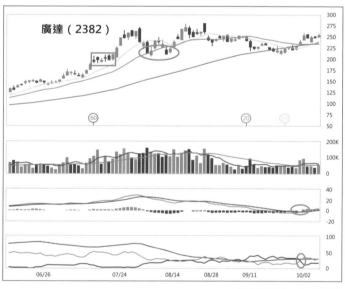

資料來源：作者整理

2. 滾動式本益比

參考股票過去 240 日的平均股價，再乘以一定的倍數，作為價格的依據，而倍數的設定主要是以均值回歸概念，再搭配過去的操作經驗所致。

e.g. A 公司近 4 季 EPS 為 9.04 元，近 240 日平均股價為 128.86，經過計算得知平均本益比為 14.25 倍。

之後再將平均本益比乘以 1.2（17.1 合理），1.382（19.69 昂貴），向下乘以 0.8（11.4 便宜），0.618（8.8 特價），計算出本益比後再乘上近 4 季 EPS9.04，可以得到：

9.04×17.1 ＝ 154.58（合理價）

9.04×19.69 ＝ 177.99（昂貴）

9.04×11.4 ＝ 103（便宜）

9.04×8.8 ＝ 79.55（特價）

以下以聯發科為例子，發哥 240 日均價當時為 706 元得出合理價 846 元，後來果然有來，而外資給發哥 1,000 元目標價，按計算得知昂貴價在 975 元，不謀而合，投資者也可靠近該價位區先行獲利。

| 圖 6 | 聯發科經過滾動式本益比計算後來到合理價 |

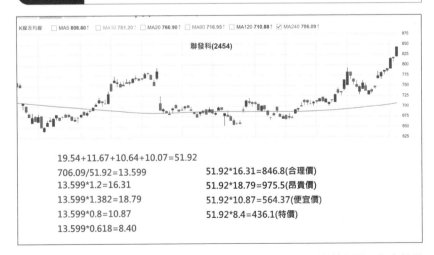

資料來源：作者整理

3. 固定式本益比法：

　　以固定式本益比來講，只要公司沒有出現結構性改變，營運的高低起伏雖然會受到當下景氣、產業供需、市場氛圍影響，但仍有一定的天花板及地板，所以先取出個股過去 3 年的最低本益比及最高本益比區間，作為價格的下限與上限，再將高低差的區間分出 5 等分，形成本益比河流圖。

　　華城近四季每股盈餘
　　0.52+1.83+0.79+2.08 ＝ 5.22
　　過去 3 年的最低本益比為 18.18 倍、最高本益比為 59.31 倍，即以最高本益比 59.31 倍減去最低本益比 18.18 倍，再除以 5 等分後：
　　59.31–18.18 ＝ 41.13
　　41.13 ／ 5 ＝ 8.22
　　特價（18.18–26.4）＝ 94.8–137.8
　　便宜價（26.4–34.62）＝ 137.8–180.7
　　合理價（34.62–42.84）＝ 180.7–223.6
　　昂貴價（42.84–51.06）＝ 223.6–266.5
　　瘋狂價（51.06–59.28）＝ 266.5–309.4

表 1　華城近 3 年最高最低本益比

年度	112	111	110
最高總市值	78,448	12,962	13,392
最低總市值	13,105	8,497	9,098
最高本益比	59.31	41.48	35.57
最低本益比	20.62	18.18	21.65
股票股利	N/A	0.00	0.00
現金股利	N/A	2.50	1.00

資料來源：作者整理

從真實的技術走勢可以發現買賣點相當準確，讀者也很容易知道目前進場價位是否偏高，如果是靠近昂貴價及瘋狂區買進應以短線為主，被套要停損，如在特價區買進則可以放心持有，被套也不用過度緊張。

圖 7　　經過固定本益比計算後，了解股價價位區

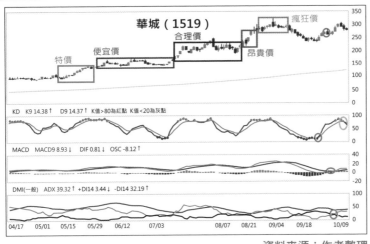

資料來源：作者整理

　　台幣貶至 2022 年低點 32.45 後反彈，按過去經驗法則推斷，台幣反彈後仍會持續破底機會。這一次貶值最厲害是台灣從 2022 年 27 多貶值到 32.45 元，經濟創下 14 年最差，代表之前的 2020 至 2022 年榮景是靠貨幣增發量化造成的，包含房地產。另外通貨膨脹只會越來越嚴重。

　　貶值和抑制通貨膨脹就升息，升息收緊市場流動性，對股市造成壓力，在資金未轉為寬鬆前，操作股票將更具難度跟挑戰性。

　　希望本書的出版，可以帶給讀者更多操作啟示，堅持交易訊號未完全具備時，不輕易地進場及出場，從基礎 K 線型態到各指標的了解，配合投信與外資的投外本比，選擇法人青睞的好股，再以指標為進出場依據，則不論處於任何的交易環境都能輕鬆面對。

　　後資本主義社會，決定性質資源不再是資本、土地或是勞動力，知識才是決勝關鍵，學習就是力量，願相互勉之，與我共學。

陳榮華

2023 年 10 月 17 日吉時

目錄
Contents

Chapter
01

穩健短線交易的操盤 SOP

Chapter
02

技術分析入門應具備的基礎知識

Chapter
03

股價反轉的識別工具（一）：
K 線的基本知識

股市狙擊手的高勝率 SOP

Chapter 01

穩健短線交易的
操盤 SOP

常用的技術分析工具，有其不同的功用。如 K 線形態表徵行情的變化；均線、平滑異同移動平均線（MACD）、趨勢線標示趨勢的走向；隨機指標（KD）表達趨勢的強度。動向指標（DMI）則是根據價格創新高或創新低的幅度大小和真實波幅來衡量趨勢強弱的分析方法。

保守的投資人，可以等到以上幾項指標都有一致的表現再進場。有時會錯失良機，但是讓你虧錢的痛也少「享受」一點。至於籌碼，達到大戶的心態轉變，讓你對市場的判斷更準確。而在操盤時，具體的運用程序，我習慣的方法如下：

如果你做多，在大盤走強的情況下，

首先，挑選 K 線形態有上漲跡象的個股；

其次，用趨勢線和均線判斷未來走向；

接著，仔細觀察該股千張比例是逐步增加還是減少，散戶持有張數是增加還是減少。只要站在散戶對立面，贏面就很高。當然你也可以從投本比及外本比的變化，提早發現法人的動向，跟隨法人的腳步一起前行。

最後，用平滑異同移動平均線 (MACD) 和隨機指標（KD）和動向指標（DMI）決定買進價位。買進後，如果上述指標出現反向的指示，就可以減碼或是賣出。

K 線型態、組合判斷股市轉折

組合、型態就是利用過去相同線型的走勢，去推測未來行情可能的波動與振幅，技術分析是經過大量統計彙整做出有效性的參考依據，所以歷史將不斷地重新上演，而型態的結構組合將有助投資者了解投資的趨勢與方向。

找尋將啟動行情的個股，由 K 線組合開始，不失為一個簡單 的方法。不管該股是否是在底部區域或是上漲途中，只要 K 線組合出現下列型態之一，都可以確認該股是正開始起漲或是整理後 將會再漲，這時可放心買入。

圖 代表上漲趨勢的 K 線組合

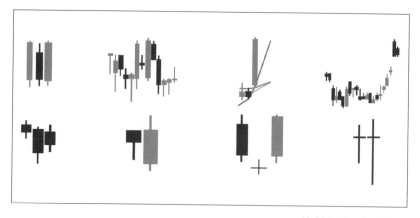

資料來源：作者提供

當投資者遇到賣點出現後，不管該股是否是在頂部區域或是下跌途中，只要K線組合出現下列型態之一，都可以確認該股是正開始起跌或是跌深反彈後將會持續下跌，可逢高賣出或是減碼以對。

圖 1-1-2 代表下跌趨勢的 K 線組合

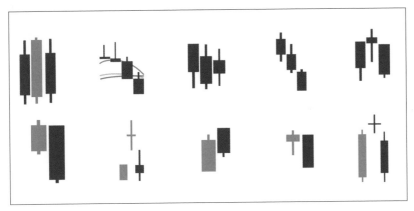

資料來源：作者提供

當底部區域出現買進的 K 線組合，就算買進訊號未出現，投資者可以開始關注，因為有可能是潛在飆股的形成。相對而言，在頂部出現賣出的 K 線組合，就算消息面、基本面還是看好，但離高點不遠，宜避開或是慢慢減碼，至少不要貿然追高，以免造成損失。

圖 1-1-3 底部與頂部的 K 線型態

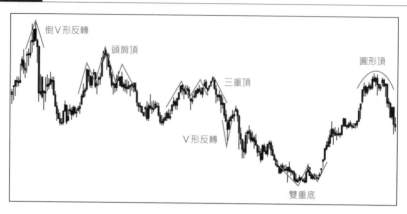

倒 V 形反轉

頭肩頂

圓形頂

三重頂

V 形反轉

雙重底

資料來源：作者提供

　　美國成長型投資大師－威廉・歐尼爾（William O'Neil），創造出年平均報酬 40％的優異紀錄，他曾說過一句話「要多金，請向美國百年超級飆股取經！」

　　根據此信念，歐尼爾歸納過去百年來強勢股的共同特徵，並建立一個篩選強勢股的 CANSLIM 模型，而其中一個技術面特徵就是「良好的底部型態」，幾乎大漲的強勢股都來自於紮實的底部型態，到底什麼是底部型態？除了底部型態還有其他型態嗎？

　　答案當然是有許多不同的型態，包括頭部型態及底部型態，每支股票都處於不同的型態與位階，有些型態很難判斷未來漲跌的勝率，但是有些型態相對而言就比較容易獲利，所以投資者只要操作常見的幾種型態並且了解特性做好停損停利，在股市也能操作得心應手。

支撐、壓力線
判斷市場趨勢方向

　　股票技術分析中，支撐線和壓力線是一切基礎分析的基礎，因為只有尋找到有效的支撐線和壓力線才能判斷當前的市場趨勢，然而在下跌行情中也有壓力線，在上升行情中也有支撐線。所以尋找支撐和壓力是順勢而為的基本工作，同樣是能在股票市場持續穩定盈利的基礎。

　　在技術分析當中有很多劃線技術，經常見到的就是趨勢線和通線，這是最基礎的劃線。另外還有一些型態的劃線，比如頭肩底、頭肩頂、雙重底、雙重頂、三角形、旗形整理等等，這些劃線在最基礎的書本上都能找到。

　　現在我們講一下書本上沒有的壓力與支撐的操盤劃線法，壓力支撐的操盤劃線主要依據的思想是籌碼的分布、心理的轉化、多空的互換。壓力與支撐的劃線主要就是透過過去股價的走勢劃出一條條的水準直線，這些水準直線間距根據不同的走勢而定，不像黃金分割那麼有規律，但是它是每檔股票自身最實用的壓力與支撐線。

　　劃線的依據和趨勢線有相似的地方，比如在同一個位置出現的 K 線越多，這條線就越重要；比如在股價向上穿過一條壓力線的時候是放量，那麼這個壓力線就會轉化成近期的強支撐線。壓力與支撐線的劃法和操作遵循下面幾個特點：

圖 1-2-1 壓力、支撐的突破或跌破，配合放量，象徵趨勢的改變。

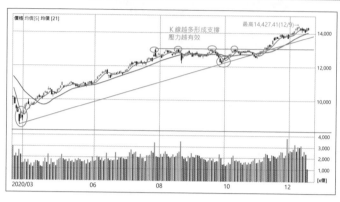

1. 過去一段時間裡，高點和低點附近都是劃線的位置，這個位置同一水平線上 K 線越多就越有效，K 線的收盤價位置比最高、最低點更重要。

2. 密集交易區（或者說箱型區間）上下邊緣和中軌位置橫向有階段性的高低點也是劃線的位置。兩條線之間的間距很小的時候，只畫一條即可。

圖 1-2-2 箱型區間的中間價位，也是可以畫出趨勢線的位置

3. 劃線的位置出現 21 日以上的均線有效性會加強。

圖 1-2-3 股價漲破支撐線，又在 21 日均線之上，是可靠的多頭象徵

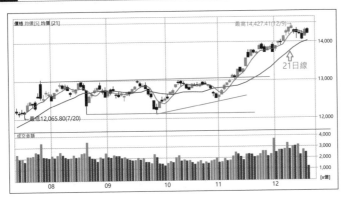

資料來源：作者提供

4. 劃線適用於指數和個股。個股選擇需要有成交量個股，成交量太小，該技術失效的機率就會變大，因為量小的股票成本很容易出現變化。

5. 實際操作中與趨勢線和其他技術指標結合起來有效性更好，比如 MACD 的背離、KD 的指標、缺口等技術指標。

圖 1-2-4　趨勢線應與其他技術指標配合

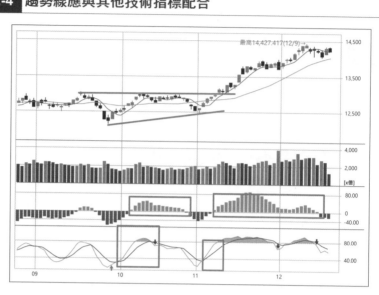

資料來源：作者提供

6. 趨勢向上的走勢突破一條壓力線需要放量收中大陽線才能認為是
有效的，突破有效股價將向下一個壓力線位置運行，突破後如果
出現回檔整理是加倉的時機。向下的趨勢與之相反。

圖 1-2-5　壓力線的突破需放量出現中長紅 K，才代表有效

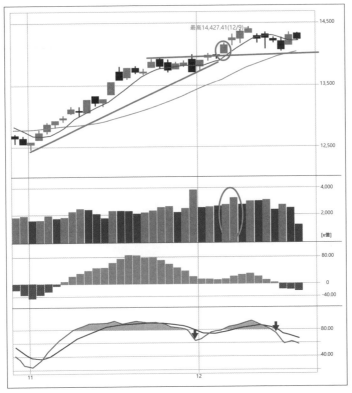

最高14,427.41(12/9)

資料來源：作者提供

7.　操作中根據股價趨勢的斜率不同，靈活地與 5 日線有效結合。買
　　點、賣點選擇與修正錯誤判斷是操作重點；股價到達支撐劃線位，
　　其他指標也大多符合條件就是買點。如果買入後很快出現了中長
　　黑線，則認錯賣出。

　　賣點也是同樣的道理，股價到達壓力劃線是賣點，出現放量的中長紅
線突破壓力位，則認錯再次買回（漲需要放量，跌不需要放量）。操作的
時候儘量在第二個交易日，因為當天的盤中即時判斷突破與否難度要大於
第二個交易日。

圖 1-2-6 在買進訊號後，第二天交易，可以降低風險

資料來源：作者提供

趨勢線的畫法及規則

趨勢線是參照過去統計出的數值，進而預測即將發生的事，描述行情前進的方向。通常由連接多個相對高點或相對低點的線段組成，可以幫助投資人識別市場的趨勢，有助於預測價格的變化，並提供基準軸判斷市場的方向是否改變。當股價沿著趨勢線移動時，都可以視為趨勢的延續展現。

趨勢線具備支撐和壓力的作用，所以跌破／突破趨勢線，意味著行情可能反轉；相反的，若趨勢線起了作用，那麼行情將繼續往原本方向前進，這是一個非常好的買點。

圖 1-2-7 規則 1：趨勢線不能被價格大幅度跌破，一旦大幅度跌破將失去其支撐與壓力的功用不具參考性質。

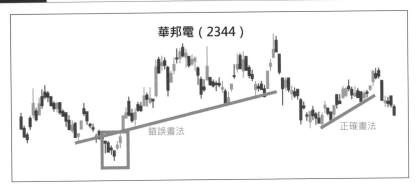

華邦電（2344）

錯誤畫法　　正確畫法

資料來源：作者提供

圖 1-2-8 規則 2：趨勢線容許少部分的被穿越

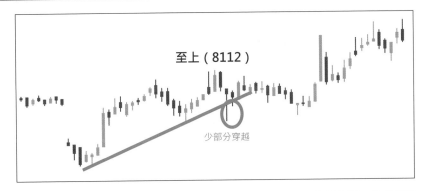

至上（8112）

少部分穿越

資料來源：作者提供

圖 **1-2-9** 規則 3: 趨勢線實戰時需要第三個頂部或底部作確認點

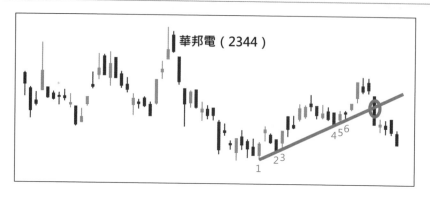

華邦電（2344）

資料來源：作者提供

圖 **1-2-10** 神奇的 **123** 法則

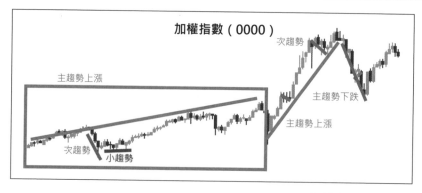

加權指數（0000）

資料來源：作者提供

因此**趨勢線**的畫法有其講究和規則，並非亂畫一通，投資者在畫**趨勢**線時可注意以下幾個重點：

目前技術分析基礎理論來自於道氏理論，其**趨勢**的模型分為：

(1) 主**趨勢**：大盤從 18,619 點跌至 12,629 點，其主要的**趨勢**是下跌的，從 12,629 點到 17,463 點，其主**趨勢**是上漲的。

(2) 次**趨勢**：在下跌的**趨勢**中也會有反彈走勢出現，在上漲的**趨勢**中也有下跌的走勢出現，這稱為次**趨勢**。

(3) 小**趨勢**：在次**趨勢**的過程中，不論上漲或下跌的走勢稱為小**趨勢**。

趨勢的階段分為：

(1) 精明投入：主力或法人看好未來股市即將轉變，率先買進或賣出。

(2) 大眾追進：股市上漲一段時間，明顯轉為多頭，吸引精明的投資者進場，慢慢在媒體喧染情況下散戶也開始湧入股市。

(3) 滯後投入：後知後覺的散戶，聽說股市很好賺而投入，此時股市已經上漲一大段即將進入反轉。

強弱**趨勢**的判別：

(1) 從創新的頂部與底部來判斷股市即將反轉

(2) 從成交量的變化加以佐證股市反轉

123 法則為上述理論中衍伸而出，對投資人操作帶來更明確的判斷

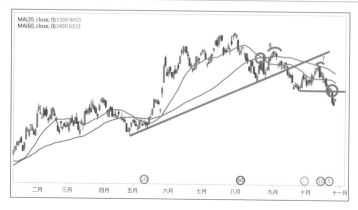

圖 1-2-11 上升趨勢

資料來源：作者提供

(1) 價格正式跌穿上升趨勢線（以收盤價為準）

(2) 價格形成新頂部，新頂部最高水平不能高過前一個頭部

(3) 價格正式跌穿對上一個底部水平價位→做空

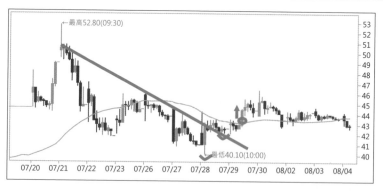

圖 1-2-12 下降趨勢

資料來源：作者提供

(1) 價格正式升穿下跌趨勢線（以收盤價為準）

(2) 價格形成新底部，新底部最低水平不能低過前一底部

(3) 價格正式升穿對上一個頂部水平價位→做多

識別法人籌碼
再確認市場趨勢

透過觀察特定人手中買賣變化，推測未來可能的漲跌，這就是「籌碼面分析」。

一支股票如果 50 張以下的持股增加，而千張持股減少，籌碼流向散戶，行情易跌難漲。但如果相反，千張持股增加，50 張以下持股減少，則籌碼由散戶向外資或大股東靠攏，行情易漲難跌。

以緯創為例子，2023 年第 23 週 6 月 9 日時股價在 73 元，到 2023 年第 39 週 9 月 28 日，股價來到 101.5 元，但 8 月 18 日股價 120.5 時千張大戶有減碼從 71.2％減為 68.6％，代表大戶獲利了結，但 10 張到 50 張持股比例在增加，可見籌碼由大戶流向散戶，行情容易由高點下跌。而近期該股持續破底，也跟大戶減碼有關，除非這種狀態改變，否則股價難有表現。

圖 1-3-1　股票集中在千張大戶手中，股價易漲難跌

週別	統計日期	當週股價 收盤(元)	當週股價 漲跌(元)	當週股價 漲跌(%)	集保庫存(萬張)	≤10張	>10張 ≤50張	>50張 ≤100張	>100張 ≤200張	>200張 ≤400張	>400張 ≤800張	>800張 ≤1千張	>1千張
23W39	09/28	101.5	-1	-0.98	290	17.3	7.74	2.27	2.34	2.61	3.8	1.16	62.8
23W38	09/23	102.5	-2	-1.91	290	17.4	7.84	2.3	2.33	2.74	3.75	1.32	62.3
23W37	09/15	104.5	-4.5	-4.13	290	17	7.64	2.27	2.3	2.65	3.81	1.31	63
23W36	09/08	109	0	0	290	17	7.7	2.32	2.38	2.7	3.9	1.06	62.9
23W35	09/01	109	-2	-1.8	290	16	7.31	2.21	2.31	2.67	3.91	1.19	64.4
23W34	08/25	111	-9.5	-7.88	290	14.5	6.75	2.18	2.24	2.71	3.75	1.4	66.5
23W33	08/18	120.5	+5.5	+4.78	290	12.7	6.2	2.19	2.25	2.9	3.73	1.48	68.6
23W32	08/11	115	+1	+0.88	290	11.7	5.78	2.09	2.29	2.78	3.64	1.54	70.2
23W31	08/04	114	-43	-27.39	290	10.5	5.49	2.09	2.21	2.93	3.64	1.86	71.2
23W30	07/28	157	+9.5	+6.44	290	9.23	5.33	2.14	2.3	2.85	3.73	1.6	72.8
23W29	07/21	147.5	+5.5	+3.87	290	9.25	5.31	2.21	2.22	2.8	3.81	1.58	72.8
23W28	07/14	142	+36	+33.96	290	9.46	5.47	2.19	2.24	2.73	4.14	1.49	72.3
23W27	07/07	106	+15.2	+16.74	290	9.4	5.73	2.25	2.25	2.73	4.1	1.31	72.2
23W26	06/30	90.8	+6.7	+7.97	290	9.04	5.67	2.21	2.29	2.72	3.87	1.06	73.1
23W25	06/21	84.1	+3.9	+4.86	290	9.62	6	2.35	2.28	2.76	3.86	1.32	71.8
23W24	06/17	80.2	+7.2	+9.86	290	9.41	5.99	2.34	2.28	2.68	3.71	1.33	72.3
23W23	06/09	73	+1.9	+2.67	290	9.98	6.29	2.3	2.42	2.68	3.62	1.47	71.2

資料來源：台灣股市資訊網

圖 1-3-2 如何由法人買賣超找到好股

15檔投信認養股							投本比買超							
代號	公司	3/15收盤(元)	漲幅(%)	投信N日買		排名	代碼	名稱	產業別	最新價	漲跌	漲跌%	日期	日投本比
				天數	張數									
2883	開發金	12.50	-0.40	19	48,620									
2324	仁寶	24.25	-0.41	11	33,980	1	1605	華新	電器電纜	51.7	-1.1	-2.08%	3/17	+1.09%
2885	元大金	22.05	0.46	19	29,211									
2886	兆豐金	32.00	-0.31	23	22,996	2	3675	德微	半導體業	300	+4	+1.35%	3/17	+0.87%
2356	英業達	27.20	0.18	11	21,733									
2301	光寶科	74.10	-0.13	11	21,377									
1504	東元	35.70	1.42	11	15,322	3	6732	昇佳電子	半導體業	382	-8	-2.05%	3/17	+0.84%
2353	宏碁	25.70	0.78	11	14,024									
2002	中鋼	30.70	0.00	4	13,905									
3711	日月光頭控	108.50	1.40	12	13,889	4	2731	雄獅	觀光事業	118.5	-1	-0.84%	3/17	+0.78%
1402	遠東新	31.25	-0.16	14	13,310									
3045	台灣大	97.80	0.10	28	12,332									
2412	中華電	119.00	1.28	12	11,642	5	6643	M31	半導體業	628	+6	+0.96%	3/17	+0.76%
2382	廣達	81.30	0.12	11	10,529									
5876	上海商銀	44.60	0.11	19	10,410									

資料來源：台灣股市資訊網

(1) 投信買賣選股

基金公司募集投資人的錢後，由基金經理人把這些錢進行投資，基金公司則賺取基金的手續費及管理費。基金投資範圍很廣，包括全球股票、債券等商品，而有一些基金的投資標的是台股市場，這些基金在台股加起來的交易量對台股有一定的影響力。

由於投信屬於較長線的投資者，並且具有資訊領先及資金雄厚上的優勢，因此可以找尋投信的買賣超的個股作為投資的標的。不過，由於投信具有最低持股限制，不得零持股的規定，且投信的操作評比是以擊敗大盤為目標，因此在下跌走勢時，投信的選股會以抗跌性為考量，以大型權重股為較高持股為主！

(2) 何謂投本比與外本比

所謂的「投本比」指的是投信買賣張數超占個股股本的比率，而「外本比」指的是外資買賣張數超占個股股本的比率。

CH.01 穩健短線交易的操盤 SOP

由於每檔股票的股本不一樣，因此流通在市場上的籌碼也不一樣，所以光看買、賣超「張數」並不能完全表現出法人對於該股票的意圖。觀察法人買賣超，可以留意「買進的張數是占總發行張數多少比例」，較能夠顯示出法人對於該股票後市的看法及意圖。

(3) 投本比判斷方式

1. 投本比3％~10％的比率往上走，都是股價上漲的黃金時期。這個時候可能是不錯的進場布局時機，當大盤多頭，處於上升趨勢時，投本比持續往上走，搭上順風車的機會大。

2. 投本比超過12％~15％，就得非常警戒，因為該公司已經有多家投信布局，未來股價會不會上漲，變數變大。

3. 一旦投本比超過20％，表示短線上，該公司投信持有的比率很高，未來持續加碼的空間較小，萬一有某家投信獲利賣出，就可能引發其他投信賣股，股價容易出現快速修正的現象。

(4) 外本比也具參考價值

圖 1-3-3 外本比

				外本比					投本比
買超	賣超							日	週　月
排名	代碼	名稱	產業別	最新價	漲跌	漲跌%	成交量	日期	日外本比
1.	3027	盛達	通信網路業	47.70	+2.15	+4.72%		03/17	+5.35%
2.	2455	全新	通信網路業	91.90	+1.40	+1.55%		03/17	+3.17%
3.	6443	元晶	光電業	39.90	+1.15	+2.97%		03/17	+2.65%
4.	8222	寶一	電機機械	38.70	+0.40	+1.04%		03/17	+2.21%
5.	6788	華景電	半導體業	140.00	-2.00	-1.41%		03/17	+1.81%

資料來源：台灣股市資訊網

(5) 各時期的投外比應用

1. 多頭時期：選擇投外比買超前 3 名的股票，股價易於短時間內上漲。搭配技術面買賣較容易找到飆股！

2. 空頭時期：選擇投外比賣超前 3 名的股票，股價易於短時間內大跌。搭配技術面買賣較容易找到下跌較大的股票！

3. 盤整時期：選股做多與放空都各有其效果，惟須注意，當大盤來到壓力區易壓回，壓回至支撐區易上漲，個股急漲急跌不用太過追高與殺低。

1-4 MACD、KD 及 DMI 的決定買賣點

　　MACD 具備了動量觀念、強弱指標與移動平均線的優點,若搭配 KD 觀察,兩者可取得相輔相成的效應,通常 KD 指標反轉時個股的趨勢尚未完成,貿然進場恐有被騙線套牢的可能,唯有 KD 指標及 MACD 指標同時出現買賣訊號時,較不易受騙。

　　但如果要掌握中長線趨勢方向,則只有這兩個指標還遠遠不夠,還需要加入 DMI 這個指標才行。DMI 指標可掌握市場多空趨勢的強弱,當 +DI 穿越 -DI 時代表多頭趨勢形成,配合 KD 指標及 MACD 指標金叉往上,對應的 K 線股價可積極作多買進;如果是 -DI 穿越 +DI 代表空頭趨勢形成,此時,KD 指標及 MACD 指標也形成死亡交叉時,對應的 K 線股價可偏空操作或是多頭平倉。

　　唯須注意的是,這三個指標不會同時形成偏多或偏空模式,當前面一項或兩項指標偏多或偏空時,需等待第三個指標形成偏多或偏空時,三個指標完全到位才能執行多空操作,因此,本系統的勝算才會較高,但是需要搭配較大的耐心及時間才行。

　　投資者在操作股票時,如果著眼的是短線交易,則可用日線當作進出的依據;如果是採用中線持有,則可採用週線為進出依據;如果是想長線操作,則可用月線當作判斷依據。這時除了用支撐壓力線判斷目前多空狀態外,此時就需要用到指標來判斷進出場點。以下用 MACD 柱狀與 KD 線交叉及 DMI 指標為例來判斷進出場點的時機:

1.　短線操作以日線為進出依據:此時先判斷 MACD 柱狀是否為由黑翻紅,DIF 及 MACD 兩條線是否也出現金叉往上,接著要看 KD 指標也是由底部金叉往上。如果 KD 指標金叉往上且突破 40 時,則為買進訊號,搭配 K 線站上 5 日線或帶量突破壓力線時,更具有買進的

好時機點。此時再觀察如果 DMI 指標也形成 +DI 穿越 -DI 的技術走勢時為多頭趨勢形成，三者條件吻合可偏多買進，勝算很高。

而當 MACD 柱狀由紅翻黑，DIF 及 MACD 兩條線也出現死叉往下，接著要看 KD 指標也出現頂部死叉往下。如果 KD 指標死叉且往下跌破 70 時，則為賣出訊號；搭配 K 線跌破 5 日或 10 日均線或帶量跌破支撐線時，更具有賣出的好時機點位。最後再觀察如果 DMI 指標也形成 -DI 穿越 +DI 的技術走勢時，可偏空操作或多頭平倉。

特別需要注意的是，MACD 柱狀由黑翻紅，而且 KD 金叉超過 40 及 DMI 指標 +DI 穿越 -DI 時，同時要滿足這三者條件時才能進場買進，如果只有一項或兩項條件滿足，但另一項條件不滿足時，需等待另一個條件達成時才能進場做多。

反之，MACD 柱狀由紅翻黑，而且 KD 死叉超過 70，DMI 指標 -DI 穿越 +DI 時同時要滿足這三者條件時才能賣出。如果只有一項或兩項條件滿足，但另一項條件不滿足時，需等待另一個條件達成時才能進場做空。

圖 1-4-1　MACD 需與 KD 和 DMI 指標同步運用，三者一致才買進或放空

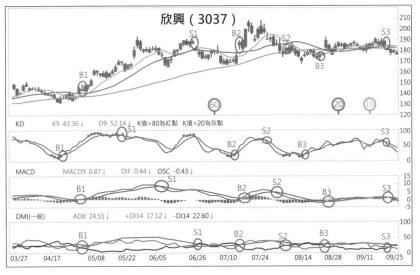

資料來源：作者提供

以該股為例，第一個買點（B1）出現時，KD 指標先到而 MACD 兩條線及柱狀與 DMI 指標 +DI 穿越 -DI 幾乎同時達到，因此，以 MACD 金叉及 DMI 指標穿越對應上去的 K 線為買進點位。

第一個賣點（S1）出現時，MACD 柱狀與 KD 指標和 DMI 指標完全不同時達到，最後以 DMI 指標最後到達為主，因此，以對應上去的 K 線為賣出的點位。第二個買點（B2）出現時，三個指標幾乎同時到達，因此，以最後一個到達指標出現買進訊號時，相對應上去的 K 線才是買點。

第二個賣點（S2）出現時， DMI 指標是明顯跑在最後一個，雖然空的價位稍低，但可保證後面還會下跌，因此，需耐心等待最後一個訊號產生。第三個買點 (B3) 出現是與 DMI 指標一起產生，買在相對低點，而最後一個賣點 (S3) 出現，幾乎是 3 個指標同時到達，相對應的 K 線賣出價為 190 元上下，至今尚未出現平倉訊號，可見本系統不但勝算高也相對穩定。

2. 中線操作以週線為進出依據：如果沒時間天天看盤或是沒耐心持股太久，利用週線來操作是不錯的選擇。週線操作進出場點與日線操作相同，唯一差異處在於週線容易出現假的進出場點訊號而誤判，導致最終產生不當的停損停利訊號，而造成損失或是獲利減少。因此，週線進出投資者須注意下列幾項操作要訣：

1. 儘可能地選擇在波峰與波谷之間為其進出場位置區。

2. KD 指標儘可能在底部區域金叉 2 次或以上，突破 40，而且 MACD 柱狀由黑翻紅 DIF 及 MACD 兩條線金叉時，配合 DMI 指標，+DI 穿越 -DI 時才做多。
KD 指標儘可能在頂部區域死叉 2 次或以上，跌破 70，而且 MACD 柱狀由紅翻黑及 DIF 和 MACD 兩條線死叉向下時配合 DMI 指標，-DI 穿越 +DI 時才做空。

3. 週線操作可採兩兩一組形態交易，一個買點對應一個賣點，也就是 B1 買進可在 S1 賣出，B2 買進可在 S2 賣出，以此類推。

以下方週線圖表為例，第一個買點（B1）是 KD 在頂部金叉一次後，MACD 柱狀由黑翻紅及 DIF 和 MACD 兩條線金叉時，配合 DMI 指標 +DI 穿越 -DI 對應 K 線位置才做買進。雖然不是買在最低點，但接近谷底且是起漲點，買點相當漂亮。

第一個賣點（S1）是 KD 在頂部死叉後，MACD 柱狀由紅翻黑加上 DIF 及 MACD 兩條線金叉，配合 DMI 指標 +DI 穿越 -DI 對應 K 線位置才做賣出。基本上賣在相對的峰頂相當漂亮。

第二次買點（B2）是 KD 指標早已金叉，最終 MACD 柱狀翻紅，DIF 及 MACD 兩線及 DMI 指標才隨後翻紅，此時是外資在 15,600 點大買台股，AI 概念走紅，最終行情大漲至 17,400 點，可見高勝率指標可以排除不確定因素或突發消息影響，捉住行情的起漲位置，讓投資者賺錢。

圖 1-4-2 有耐心，等機會成形，有時成本高，但是免除被騙線的風險

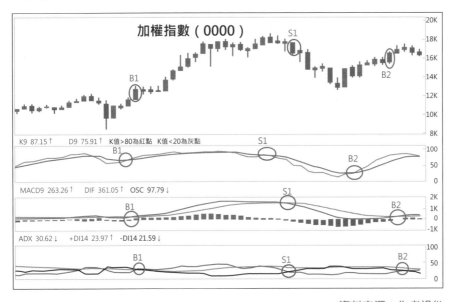

資料來源：作者提供

3. 長線操作以月線為進出依據：如果你是資金多又沒時間看盤，或是以存股為目的，那麼月線操作是較佳選擇。月線的進出場點位跟日線相同，唯一與日線差異點是月線可採兩兩一組操作。但由於進出場機會較難產生，因此，以月線操作投資人需要有較大耐心，選擇的股票以大型傳產或台積電這種固定配息的公司較佳。

以下圖為例，台積電月線圖月 KD 在 2019 年出現金叉買進訊號，但 DMI 指標在 6 月出現買進訊號，MACD 由黑翻紅已靠近 9 月近年底，因此，對應 K 線約在買進位置約在 253-272.5 之間。目前在 2022 年 4 月出現賣出訊號，賣出價格約在 523-589 之間，獲利超過 1 倍，加上台積電配息優厚，是長線投資且免看盤的好案例。但其實月線買進點難等，投資者宜把握突發利空導致下跌後出現的買進機會，且買進後要有耐心長線持有。

圖 1-4-3 用月線交易，買點難等，投資人也應有長期持有的心理準備

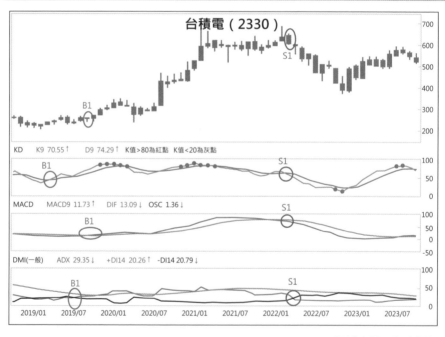

資料來源：作者提供

股市狙擊手的高勝率 SOP

Chapter 02

技術分析入門
應具備的基礎知識

在把第一筆錢投入台灣的股票市場前，
不妨先了解一下台股過去的起與落，
不妨了解一下股友族是如何進行投資決策。

從1996至2023年台股走勢

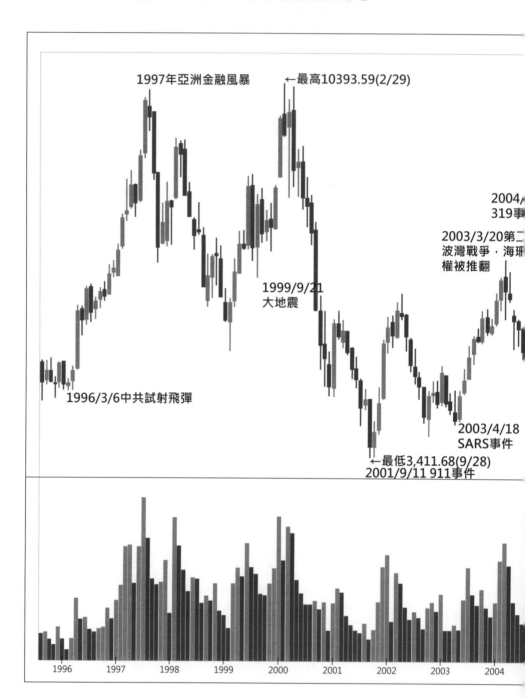

1997年亞洲金融風暴

←最高10393.59(2/29)

1999/9/21
大地震

1996/3/6中共試射飛彈

2004/
319事

2003/3/20第二
波灣戰爭，海珊
權被推翻

2003/4/18
SARS事件

←最低3,411.68(9/28)
2001/9/11 911事件

1996　1997　1998　1999　2000　2001　2002　2003　2004

2007年美國次貸風暴產生

2010/11 QE2開始

2009/12
歐債危機開始

2012/4宣布油電雙漲
2012/5宣布證所稅開徵

2008/9/15
雷曼倒閉
金融風暴

2006/5美國升息,
台灣紅衫軍事件

2012/9 QE3開始

2008/11 QE1開始

10,000
9,000
8,000
7,000
6,000
5,000
4,000

50,000
40,000
30,000
20,000
10,000

2006 2007 2008 2009 2010 2011 2012 2013

單位:億元

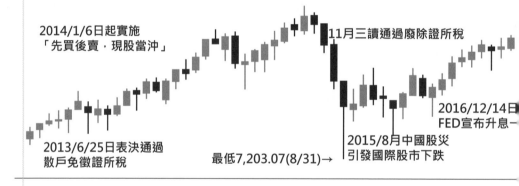

2014/1/6日起實施
「先買後賣，現股當沖」

台股2015/6/1日起
漲跌幅由7%調升至10%

11月三讀通過廢除證所稅

2013/6/25日表決通過
散戶免徵證所稅

最低7,203.07(8/31)→

2016/12/14日
FED宣布升息一

2015/8月中國股災
引發國際股市下跌

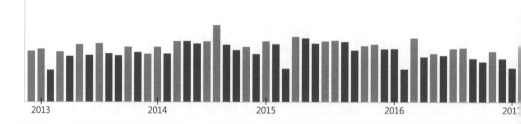

2013　　　　2014　　　　2015　　　　2016　　　　201

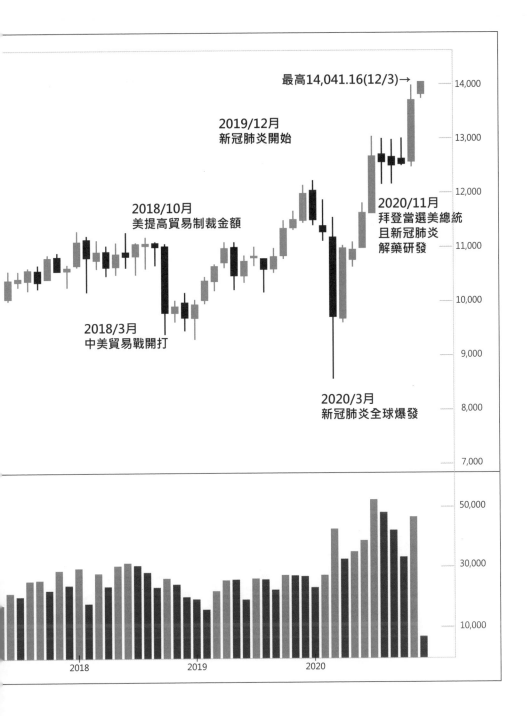

最高14,041.16(12/3)→

2019/12月
新冠肺炎開始

2018/10月
美提高貿易制裁金額

2018/3月
中美貿易戰開打

2020/11月
拜登當選美總統
且新冠肺炎
解藥研發

2020/3月
新冠肺炎全球爆發

14,000

13,000

12,000

11,000

10,000

9,000

8,000

7,000

50,000

30,000

10,000

2018   2019   2020

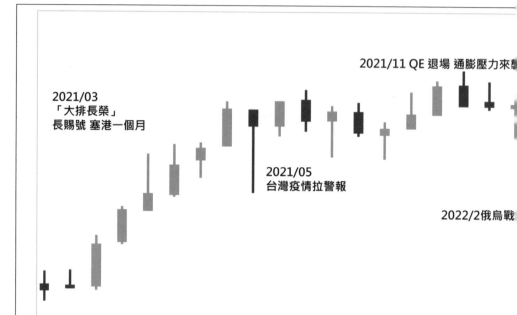

2021/11 QE 退場 通膨壓力來襲

2021/03
「大排長榮」
長賜號 塞港一個月

2021/05
台灣疫情拉警報

2022/2俄烏戰

成交量　MV5　43,364.51↓　MV20 62,835.57↓　量 43,771↓

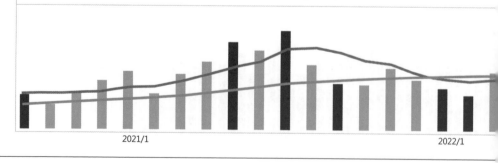

2021/1　　　　　　　　　　　　　　　　　　　2022/1

2023/7 聯準會升1碼

2022/6 聯準會升息

2023/3 聯準會升息1碼

2022/12 聯準會升息2碼

2023/1

2-1 投資股票的兩大流派

　　極端的技術分析操作者可以完全不管投資公司的本質,而專注於技術指標及線型。不過比較值得推薦的方法是把投資的標的限縮在本業經營良好的公司。

　　技術分析並不是投資股票的唯一方法,基本面分析是另一套投資技術,理論上來說,投資者應該兩種能力同時具備。但是事實上,在投資界頗有涇渭分明之勢,部分人偏重技術分析,而另一部分人則相反。

　　一般而言,採用技術分析的人比較不在乎基本面的變化,在意的是價格的波動及反應;基本面分析派比較不在乎買進的價格高低,在意的是買進的時機及標的物的價值。

　　因此,技術分析比較傾向短期內的操作,主要特性包括:買賣的時機點講究既快又準、短期的波動要穩得住、一旦錯判情勢要狠心地停損出場,以個人操作者為主。

　　基本面分析則是根據經濟學、財務學、金融及投資學等綜合分析,對形成股價的基本要素,如投資環境良劣、經濟政策是否有利、行業發展狀況、上市公司營收及未來前景做分析,評估股票的投資價值及合理價位,並提出合理的投資建議,主要是以法人及公司投資機構為代表,技術分析與基本面分析兩者之間有著顯著的不同。

基本面分析(Fundamentalist)

　　採基本面操作者大都以經濟金融統計數據、訪查公司營收損益、公司歷年的股利股息分配、管理階層的政策及銷售量增長情況,作為購入或拋售股票的依據。基本分析者整天都在研究來自銀行或外資機構的專業報告,

並將資料整理，透過種種指標來分析公司未來的獲利前景，操作手法是以淡化影響短期波動因素，找出一個確定規律的走勢，並且採取價值取向投資，操作時間相對而言較久，不過會用衍生性金融商品來做避險套利。

技術面分析（Chartist）

採技術面操作者即認為一切外在影響股價因素已經全部或大部分反應在市場價格走勢上。技術分析透過過去到現在的價格變動，包括成交量與未平倉合約增減預測未來價格之可能趨向性，基本上技術分析可歸納為：

1 市場價格波動完全是供需產生變化所致，股價漲跌主要取決於多頭、空頭對股價的憧憬現象，多頭認為股價會走高即繼續持有或進場買進，當空方認為股價不會下跌時則停止拋售，此時股價會因供需失衡而走高。反之，多頭認為股價會走低而減少持股或停止買進，空頭預期股價偏高而逢高賣出，就會造成股價進一步滑落。

當股價上升或下跌至某一水平時，股價會維持一段穩定時期，市場稱之為「盤整」，此時反應出多空雙方對股價於合理水平之認同，直到新的消息出現打破供需平衡，而促使股價再度波動。

圖 2-1-1 經濟學上的供需法則也是技術分析立論根基

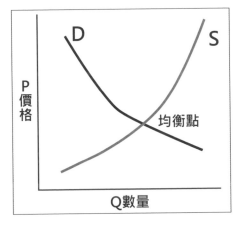

資料來源：鉅亨網

2 市場種種供需因素的產生，包括理性及不理性之反應，包括不同意見、情緒變化，都將會不斷地、自動地反應在價格上面。例如：特斯拉營收只有 TOYOTA 1%，市值卻超過 TOYOTA 60%；大陸房地產龍頭萬科公司市值輸給營收只有萬科八分之一在美國掛牌的房屋仲介公司「貝殼找房」，主要是結合環保與新科技所組合的商業模式，提供投資者對未來的營收及股票股價上漲無限的想像空間所導致。

3 影響價格趨勢之轉變是由於供需關係之改變，不管其產生的原因為何，市場內多空雙方都將迅速地感應，股價隨即變動反映實際情況直至寂靜為止，此種反應純粹是市場內部本身供需失衡使然，真正原因對技術操作者的感覺是無關宏旨。

基於上述幾點，我們可以得知技術分析在研究價格波動層面，是建立在「歷史將會不斷重演」的假設上，市場過往運作所出現的不同型態。此種型態是透視出多空雙方對目前及將來價格波動之心理方面變化，即低買高賣的心態。此種心態過去出現過，預期未來將重複又重複地發生，因此不同走勢型態的出現都在說明股價走勢在未來可能會有不同走向，此項歷史重演的假設與基本分析注重公司獲利能力的假設是迥然有別的。

技術分析與基本分析的差異

技術分析在預測股價的多空走向方面，著重在短線價格波動走向比長線股價波動來得準確及重要，主要是因為在短線價格波動中，技術分析操作者可以快速地逢高拋售、逢低買回，更靈活地運用資金賺取更大的利潤，而基本分析操作者只在主要趨勢確認後才進場交易。

在時間性方面，基本分析操作者需耐心等候公司銷售資料、每股盈餘、股利股息的多寡、來年公司本業的營收變化、利率與貨幣的走向，以及國際經濟的榮枯，凡此種種都在消耗基本分析操作者決定時間，錯過低買高賣的良機；而技術分析操作者從股價之變動中已經感受到市場上漲或下跌的壓力，構成此種力量之原因是來自多空雙方對當前價格之心理反應及衝動行為，較經濟與金融訊息因素來得快速。

在掌握市場訊息方面，由於股價之波動是受到內部供需的不平衡，造成資金由某支股票或類股流向另一支股票或類股，能夠第一時間掌握者為技術分析指標及K線線型，此非基本分析操作者憑藉著一連串經濟數據可以達到的。

由以上分析可以得知，基本分析操作者大部分是法人機構，手中握有龐大資金並有強大的研究團隊支持，訊息的去化及研判相當準確，相對於個人投資者，在資金較小經不起大風險，無強大的研究團隊過濾訊息，在訊息不對等的情況下，技術分析操作無疑是個人及散戶的操作依據。

投資規則很簡單，就是認識自己適合哪種操作方式，看清市場本質，洞悉人性的需求，不貪心、不躁進、不盲從，這才是在股市長久生存之道。

話說台股的近代史

從 1996 年到 2023 年，台股在 4,675 點至 18,619 點之間擺盪。學習技術分析的第一步，不妨由瞭解過去股海興波的故事開始。

在了解了股市分析的基本派別後，不妨抽離現實，讓良心操盤手帶你走進時光隧道，了解台灣近幾年的股價走勢，作為以後分析股市的基礎。

大體而言，散戶的投資心態越是接近市場頭部時，人們越看好後勢會再創新高，這時的利空訊息都會被忽視，利多消息會被放大，因而錯失高檔出脫股票的良機；相對的，越接近市場底部，人們越看壞後勢，認為還有低點產生，因此也會錯失逢低進場的機會。人性本就如此，我們必須藉由技術分析的輔助來幫我們克服恐懼或是冒進心態，方能在股市立於不敗之地。

股市擺脫不了國際局勢影響

台灣股市是個活力無窮的市場，充滿了故事，若要「從頭講起」，恐會用去大量的篇幅，不妨由 1996 年 3 月開始談起。在那個特別的日子裡，為了抗議中華民國總統李登輝赴康乃爾大學訪問，造成台海的緊張對峙，中國大陸甚至射了兩顆飛彈在台灣外海引發虛驚，這應該算是自兩岸分治以來台灣最接近戰爭邊緣的時刻，股市也應聲而倒，跌至 4,675 點的低點。

所幸美國派航空母艦經過台灣附近，才平息緊張局面（現在看起來，進口美牛及買美國過時武器是有必要的，總要繳點保護費，出事才有人挺）。飛彈試射雖然造成台股的虛驚，但是在利空出盡後隨之而來一波凶猛的漲勢，從 3 月的最低 4,675 點一直漲到 1997 年 8 月的最高點 10,256 點，總共上漲了 5,581 點，漲幅高達 119%。

表 2-2-1 1996 至 2023 年台股的指數變化

年份	1月	12月	最高價	最低價	漲跌幅度
1996	5,200	6,769	7,084	4,672	30.00%
1997	6,806	8,187	10,256	6,789	20.20%
1998	8,200	6,418	9,378	6,219	-27.70%
1999	6,310	8,448	8,480	5,422	33.80%
2000	8,644	4,739	10,393	4,555	-82.40%
2001	4,717	5,551	5,992	3,411	17.68%
2002	5,575	4,452	6,484	3,845	-25.20%
2003	4,460	5,890	6,182	4,044	32.00%
2004	5,907	6,139	7,135	5,255	3.90%
2005	6,166	6,548	6,600	5,565	6.00%
2006	6,457	7,823	7,823	6,232	21.00%
2007	7,871	8,506	9,859	7,306	8.00%
2008	8,491	4,591	9,309	3,955	-84.94%
2009	4,725	8,188	8,188	4,164	73.29%
2010	8,222	8,972	8,990	7,032	9.10%
2011	9,039	7,072	9,220	6,609	-27.80%
2012	7,071	7,699	8,170	6,857	8.88%
2013	7,738	8,611	8,647	7,603	11.28%
2014	8,618	9,307	9,593	8,230	7.9%
2015	9,292	8,338	10,014	7,203	-11.44%
2016	8,315	9,253	9,399	7,627	11.28%
2017	9,252	10,642	10,882	9,235	15.02%
2018	10,664	9,727	11,270	9,400	-9.6%
2019	9,725	11,997	12,125	9,319	23.36%
2020	12,026	14,732	14,760	8,523	22%
2021	14,720	18,218	18,291	14,720	24%
2022	18,260	14,137	18,619	12,629	-29%
2023	14,108				

註：報酬率是用年初與年末相較計算出來的。

資料來源：作者整理

CH.02 技術分析入門應具備的基礎知識

在歷經 1990 年股災之後 7 年，台股再次來到萬點，次年（1998 年）7 月 21 日推出加權指數期貨，使得台股的操作更加多元化。由技術面來分析，1990 至 1997 年這 7 年的走勢是屬於上升趨勢，價格波動開始逐漸加大震盪範圍與幅度，波峰和波谷依次升高，是標準的多頭市場走勢。

只是好景不常，1997 年 7 月 2 日，亞洲金融風暴席捲泰國，泰銖貶值。不久，這場風暴掃過了馬來西亞、新加坡、日本和韓國等地，打破了亞洲經濟急速發展的景象。亞洲一些經濟大國的經濟開始蕭條，一些國家的政局也開始混亂。

索羅斯對泰銖的炒作是亞洲金融風暴的導火線。他是一個絕對有實力、有能力的投機者。他曾說過，「在金融運作方面，說不上有道德還是無道德，這只是一種操作。金融市場是不屬於道德範疇的，它不是不道德的，道德根本不存在於這裡，因為它有自己的遊戲規則。我是金融市場的參與者，我會按照已定的規則來玩這個遊戲，我不會違反這些規則，所以我不覺得內疚或要負責任。從亞洲金融風暴這個事情來講，我是否炒作對金融事件的發生不會起任何作用。我不炒作它照樣會發生。我並不覺得炒外幣、投機有什麼不道德。另一方面我遵守運作規則。我尊重那些規則，關心這些規則。作為一個有道德和關心它們的人，我希望確保這些規則，是有利於建立一個良好的社會的，所以我主張改變某些規則。我認為一些規則需要改進。如果改進和改良影響到我自己的利益，我還是會支援它，因為需要改良的這個規則，也許正是事件發生的原因。」

亞洲金融風暴發展過程十分複雜。大體上可以分為 3 個階段：1997 年 6 月至 12 月；1998 年 1 月至 1998 年 7 月；1998 年 7 月到年底。

第一階段：1997 年 7 月 2 日，泰國宣布放棄固定匯率制，實行浮動匯率制，引發了一場遍及東南亞的金融風暴。

第二階段：1998 年初，印尼金融風暴再起，面對有史以來最嚴重的經濟衰退，國際貨幣基金組織為印尼開出的藥方未能取得預期效果。2 月 11 日，印尼政府宣布將實行印尼盾與美元保持固定匯率的聯繫匯率制，以穩定印尼盾。此舉遭到國際貨幣基金組織及美國、西歐的一致反對。國際貨幣基金組織揚言將撤回對印尼的援助，使得印尼陷入政治經濟大危機。

第三階段：1998 年 8 月初，趁美國股市動盪、日元匯率持續下跌之際，國際炒家對香港發動新一輪進攻。香港特區政府予以回擊，金融管理局動用外匯基金進入股市和期貨市場，吸納國際炒家拋售的港幣，將匯市穩定在 7.75 港元兌換 1 美元的水準上。經過近一個月的苦鬥，使國際炒家損失慘重，金融風暴逐漸平息。

我的記憶中，索羅斯及國際炒家到處掠奪無往不利，連日韓都深受其害，但是唯獨在香港及台灣踢到鐵板。當時香港剛回歸中國，為了維持穩定，中國大陸在背後撐腰，要多少錢給多少錢，無限注資而打敗他們。台灣則是有龐大外匯當靠山，加上台幣不是國際流通貨幣，以及央行的管制措施得宜，最終使傷害降到最低。

1997 年 7 月開始的亞洲金融風暴促使台股下跌，由 8 月 10,256 點的高點下挫，直到 1999 年 1 月碰觸到最低點 5,949 點後回穩，總共下跌了 4,307 點，跌幅 72%。

黑天鵝總是飛不停

1999 年 1 月之後，股價緩步回升，但是天有不測風雲。1999 年 9 月 21 日發生著名的 921 大地震，股市休市 4 天後，股市從 7,972 跌到 7,415 點。休市過後的台股重開盤，所有類股都跌停，唯獨水泥、鋼鐵連續漲停數天，這也是在當時台股只漲電子、其他都不漲的另一奇特現象。雖然歷經那麼大的利空，但當年還是漲了 33%。

2000 年總統選舉，陳水扁當選總統。經過「千禧蟲」危機之後，台灣人民迎來第一次的勝利，用選票將長期執政的國民黨趕下來，除了人心思變外，國民黨內部分裂也是主要因素。由於是在投資者心理已做好準備之中，因此股市反應也不強烈。在 3 月 20 日選舉前，由於陳水扁聲勢正旺，市場擔心其可能當選，選前股市由 2 月 18 日高點 10,393 點跌到 3 月 16 日 8,250 點。不過在正式當選後，很快就重登高峰，4 月 6 日漲至 10,328 點。

台股可以不受政黨輪替的影響，但是卻逃不過 2000 年 4 月發生的美國網路泡沫。電子股因而大跌，台股從 4 月 6 日 10,328 點跌到 10 月 19 日 5,074 點。

綜觀 2000 年 2 月至 4 月的股市，2 月 18 日高點 10,393 與 4 月 6 日高點 10,328，形成 M 字雙頭頂，之後股市一路狂瀉。

新的科技帶來方便，但也帶來新的夢想，每隔幾年就會有「荷蘭鬱金香事件」的發生。但是 2001 年驚擾世界的可不只是小小的「鬱金香」，2001 年 9 月 11 日「美國 911 事件」，台股由 4,176 點跌到 9 月 26 日 3,411 點。當時各家媒體不斷重播飛機撞大樓的畫面，感覺相當驚悚，股市也就因此被撞飛 765 點。但是這是最悲觀的終點，也是樂觀的起點，台股開始展開一波上漲走勢，到 2002 年 4 月時來到 6,485 點高點。

2003 年 4 月 18 日台灣發生「SARS 事件」，股市由 4,677 點跌到 4 月 28 日 4,044 點。當時被稱為「新黑死病」的 SARS 病毒造成台灣人的驚惶，和平醫院的部分醫護人員及病患被隔離無法回家，當時的口罩及消毒產品賣到缺貨，但最後還是順利度過危機，台股也一路攀升至 2004 年 3 月 5 日的 7,135 點。

2004 年總統選舉發生兩顆子彈的 319 事件，3 月 22 日起 2 天內股市從 6,815 點急跌到 6,020 點。3 月 19 日是阿扁兩顆子彈的爆發日，事件發生前台股出現選舉行情，股市一路攀升，當天收盤是在 6,815 點，收盤後阿扁台南掃街被子彈打到，然後 3 月 20 日投票，阿扁當選，3 月 21 日連戰提起選舉無效之訴。3 月 22 日開盤大盤暴跌 456 點，幾乎每支股票都跌停。3 月 23 日開低走高（6,033 漲到 6,299），所有的選擇權與期貨因非理性殺盤或大量回補而漲停，成交量放量到 2,496 億元。這事件對台股有史以來算是非常慘烈的事件之一。

2006 年 5 月因美國持續升息與國內政治紛擾（倒閣與罷免總統），台股由 5 月 9 日 7,476 點跌到 7 月 17 日 6,232 點，同年 8 月的紅衫軍運動興起，總統府前廣場被長期占領，人民的力量再次被展現出來，但是政局不穩、動亂也影響台灣的經濟及外來投資。

2005、2006、2007 年社會上雖然紛擾不斷，但對股票投資人而言，仍是最安穩的時光，這 3 年大盤報酬皆為正數，直到 2007 年的最高點 9,859。雖然 2007 年 7 月 11 日市場擔憂美國次級房貸會影響台股，但是大部分人都還沒有這樣的感覺就是了。

從 7 月台股第一波到 9,807 點，10 月第二波到 9,859 點都沒有成功破萬點就下挫，與 2000 年相同，形成 M 字雙頭頂。9,859 後下殺到 7,384 點，又漲回 9,309 最後逃命點，然後一路狂瀉到 2008 年 11 月 24 日的 3,955 低點，當然這中間還發生了雷曼兄弟事件，而演變全球性的金融危機。

金融風暴你遇得到！

2008 年 9 月 15 日全球金融風暴重創台股，台股 16 日再跌 295 點，兩天狂瀉 554 點，一度摜破 5,600 點，到年底時收盤為 4,591 點，最低一度來到 3,955 點的波段新低。

造成全球金融風暴原因主要有二：

首先，美國房市惡化並擴散至金融機構，主因是金融監理疏失與規範不足。

其次，銀行風暴擴大演變成流動性危機，全球資金抽身而擴大金融市場波動與危機。

在雷曼兄弟公司破產後，歐美多家銀行陸續爆發財務危機，信貸緊縮加劇，造成全球股價大跌。受歐美金融風暴的衝擊，新興市場亦遭到波及，冰島、阿根廷、烏克蘭、匈牙利、南韓、巴西及俄羅斯等國股匯市均呈現重挫，全球金融風暴蔚然成形。

台灣的多家銀行因販售雷曼兄弟的連動債而造成與投資者之間的投資糾紛，部分金融機構受此風暴影響而造成虧損，當時政府於 2008 年 10 月 8 日提出援救金融機構的最後一道防線，亦即一旦銀行發生存戶擠兌的全盤恐慌局面，將採取全額保障存款的方式，挹注大量資金提供銀行充足資金，確保存款人權益。

2009 至 2010 年在全球央行持續寬鬆的釋放資金，台股連續兩年報酬皆為正數，直到 2011 年歐債危機再起，但在歐洲央行及國際貨幣基金（IMF）幫助下，歐債危機慢慢獲得控制。2012 年在馬英九宣布油電雙漲及開徵證所稅影響下，台股很長的時間成交量維持在 400 至 700 億元的交

易區間，直到年底因與大陸的金融合作方案簽訂而使金融類股走強，台股再度見到 8,000 點的高點。

由過去台股整個年份的漲跌分析，如果前一年台股大跌，則下一年上漲的機會不小，如果小漲小跌，則下一年行情也不會有太大波動。台股在 2012 年整年只小漲 8.8%，2013 年受到證所稅的影響，8,500 至 9,000 點之間形成一道較堅強的壓力區，這也是大部分外資及內資早先對台股可望在年底前達到的高點預估。但在證所稅可望被提前修正下，加上美日股市持續創新高，台股最終還是收在相對高點 8,611 點。

投資者不妨趁台股緩漲急跌之際，找尋多頭格局的高股息類股，採取「長期持有」的操作方式，以應對台股這種緩慢向上趨勢為基調的交易格局，方能賺到長波段的利潤。

2014 年元月，台灣與南韓政府同時宣布第 5 代行動通訊（5G）發展政策，開啟 5G 發展新紀元，如今看來，韓國的 5G 建設較台灣快速，而台灣在急起直追下，未來 5G 產業將有更好的成長空間。2 月時，美聯準會主席葉倫宣布美國結束 QE 政策，3 月太陽花學運占據立法院，導致「海峽兩岸貿易協議」無法通過審議，阻礙了兩岸貿易的發展，但該年大盤表現還算穩定。

2015 年元月，台股漲跌幅由 7% 放寬至 10%，經歷 15 年的波動起伏後，台股再度站上萬點來到 10,014 點，台積電以及大立光創新高價，但該年無薪假人數突破 5,000 人大關。雖然在央行連續兩次降息的幫助下，台灣全年的 GDP 仍不到 1%。該年大盤最終較年初開盤時指數收低，印證了大文豪狄更生那句經典台詞：「那是個最美好的時代，那是最糟糕的時代，是充滿希望的春天，也是令人絕望的冬天。」

時序快速飛進，2016 到 2019 年台股迎來一波穩定的上漲時期，2016 年雖然政黨輪替，蔡英文當選總統，兩岸關係進入冰河時期，但台股仍穩定走強，主要是美中貿易戰開打，川普高關稅政策，造成台資由大陸撤回台灣，促使股匯以及房地產三漲。雖然有香港學運影響，但這 3 年的台股卻是越挫越勇，頻創新高。

2020 年開始受新冠病毒攪局，風險與利潤出現極端不穩定，操作難度加大，世衛組織於 2020 年 3 月 10 日將新冠疫情指定為全球大流行病。受恐慌情緒影響，2 月和 3 月初，全球信貸和股票價格急遽下跌，美股更是在 3 月經歷了 4 次熔斷。在不到一個月的時間裡，全球股市市值蒸發了 30 億美元，這是有史以來速度最快和規模最大的市場崩潰之一。

美國政府宣布了 14 兆美元的財政刺激計畫，預示著從貨幣量化寬鬆向財政赤字化的長期轉變；目前，全球債務規模達到創紀錄的 277 兆美元，債務價格也處於 50 年以來的最低水準（全球負收益率債務規模達到 18 兆美元）。2020 年，美國政府直接向家庭部門轉移了 2 兆美元，面對病毒和失業，消費者支出仍有增無減，但華爾街和主流金融機構現在對政府救助的依賴已成習慣。

一片悲觀生行情

但最悲觀時刻也是最樂觀時刻，自 2020 年 3 月低點以來，全球股票市值飆升了超過 40 兆美元，總規模突破 100 兆美元。全球市場自 3 月 20 日低點的反彈，已經超過了過去一個世紀四次低點最高反彈記錄，即 1929 年、1938 年、1974 年及 2009 年的市場反彈，2020 年 3 月也是台股最低點 8,523 點，從此再也沒看到這麼低的指數出現。

2021 年有因為全球發生疫情，但台灣防疫出色而多出來的轉單，不僅是生技股大漲特漲，電子族群也因為營收爆發性成長而衝高，例如：ABF 載板、NB 相關等，還有別忘了貨櫃三雄的暴漲，讓不少人加入當股海水手的行列。聯準會在今年最後一次利率會議上終於「棄鴿轉鷹」，宣布將加速縮表，並暗示明年會升息 3 次。

本土疫情出現不明感染案例，指揮中心示警恐進入第三級警戒，市場爆發強烈恐慌性賣壓，5 月 12 日台股盤中一度狂殺 1,417 點，創下史上最慘跌點，收盤重挫 680 點，也改寫史上第二高收盤跌點。

台股今年表現驚人，在傳產與電子股輪動領漲下，今年 7 月一度攻上萬八天關，雖然隨後數月陷入震盪，但就在封關前夕，台股再度成功叩關萬八，並連續 5 天刷新盤中高點紀錄。

2022 年全球市場受到俄烏戰爭、通膨、升息等因素干擾，美股墮入熊市，台股也無法倖免，自年初以來至收盤封關，共下跌 4,081 點，跌幅重達 22.4%，寫下 2009 年金融海嘯以來最慘紀錄。

從市值來看，台股 2022 年全年值大砍 12 兆元，根據臺灣證交所統計至今 (2022) 年 11 月投資人累計開戶人數為 1,200.1 萬人，2022 年上市公司市值由 56 兆 5,076 億元降低至 44 兆 3,560 億元，全年市值減少約 12 兆 1,516 億元，每位股民平均市值減損 101 萬元。

回顧 2022 年投資市場的首要大事，自然是俄烏戰爭，以及年初以來美國通貨膨脹數據即告不斷上升，尤其美國於 6 月時，消費者物價年增率更是衝高達到 9.1%，超乎市場預期，也創 40 多年來最大漲幅。

美國聯準會（Fed）雖然從 3 月開始就採取升息策略，但因初期升息幅度不大，通膨未見下降反而一路急驟攀升，直到 6 月消費者物價指數創新高達 9.1% 後，Fed 為了壓制通膨，才開始大幅升息，一次升息 3 碼，於 6、7、9、11 月每次均大幅升息 3 碼，步調激進，也導致美國 10 年期公債殖利率大幅飆高！

2023 年台股仍籠罩在聯準會升息的陰影中，截至 7 月為止美國聯邦利率來到 5.00-5.25%，雖然如此，但是輝達 AI 晶片的突起，掀起市場一

表 2-2-2　台灣近 7 任總統任期內股價表現

姓名	期間	第一年	第二年	第三年	第四年
李登輝	1996~1999	30.00%	20.20%	-27.70%	33.80%
陳水扁	2000~2003	-82.40%	17.68%	-25.20%	32.00%
陳水扁	2004~2007	3.90%	6.00%	21.00%	8.00%
馬英九	2008~2011	-84.94%	73.29%	9.10%	-27.80%
馬英九	2012~2015	8.88%	11.28%	7.9%	-11.44%
蔡英文	2016~2019	11.28%	15.02%	-9.6%	23.36%
蔡英文	2020~2024	22%	24%	-29%	

資料來源：作者整理

片 AI 浪潮，台股一路攀升至 17,463 點，廣達、技嘉、緯創及散熱的奇鋐、雙鴻成為投資人最愛。

部分投資人將資金轉投入高股息 ETF，台股 ETF 規模排行前十名裡，高股息 ETF 就占了六檔，可見國人對高股息有多狂熱，從年配到季配最終月配打敗群雄成為投資人最愛，00929 月配在短短 111 天就募集到 800 億，比 0056 需要 4940 天簡直是天與地的差別。

10 月 7 日掌控巴勒斯坦自治區的伊斯蘭組織哈瑪斯，7 日對以色列展開大規模攻擊。不僅發射 5 千枚火箭砲，多名武裝分子還入侵以色列殺害和擄走市民，以色列發動 30 萬後備部隊揚言報復，為台股年底注入相當大變數。

為削弱中國半導體競爭力，10 月 17 日美國再出重手，發布最新晶片禁令，將禁止更多先進 AI 晶片出口至中國。此波禁令中 NVIDIA 可說是首當其衝，禁令一出，將原本的 AI 概念股打回原形，預估輝達股價將有跌破 400 美元可能。

表 2-2-3 美國新晶片禁令四大影響重點

管制項目	內容	影響
效能限制	將晶片傳輸效能限制，擴大為效能密度與總運算效能限制	輝達、英特爾等 AI 晶片廠商先前推出的降規產品，將無法銷售
中企管制	實體清單新增中國的壁仞科技、摩爾線程等 13 家 AI 相關公司	清單內中國 GPU 與 AI 晶片產品，將無法到台積電投片生產
設備控管	管制艾司摩爾（ASML）的 NXT：1980Di 深紫外光（DUV）浸潤式微影設備	中國先進製程發展進一步受限
增加管制國	限制出口 AI 晶片的國家增至 40 個，艾司摩爾機台出口管制增至 20 個	阻斷中國利用第三地洗產地的方式，獲得晶片、機台

資料來源：今周刊

2-3 股價趨勢淺論

股價不是隨機漫步,它的變動有機可循,只要能理出脈絡,低檔承接,高檔賣出,不是神話。

看完了台股歷年來的變動,你可能認為股市走勢變化無常,是不是因此而打退堂鼓?其實,股市的走向在相當程度下是可以預測的。以下我們就先來談談股價趨勢這回事!

剛進入股市投資時,當時並沒資格進券商的 VIP 室舒服地看盤,只能在號子的營業大廳跟一群退休的伯伯、大媽或是抽空到現場偷看股票的菜籃族、上班族擠在一起看盤,當時炒股是項全民運動,因此股市一開盤時的熱鬧情況比菜市場還有過之而無不及。

在我印象中有兩位人物是比較深刻的,買的是相同的股票,結果卻大不相同。

王伯伯自公家機關退休,領了 3、400 萬的退休金,此時正好遇到國內股市正熱絡,由於有以前在公家機關擔任財務的背景,對於投資股票信心滿滿,於是王伯伯決定進場買股票,但是買哪種股票呢?

當然以購買績優股為優先考量,其中台塑與南亞是老牌上市公司,形象也不錯,就成為他的購買目標,台塑與南亞正因六輕建廠的案子吵翻天,股票到了一股難求的地步,掛了好幾天都沒買到,後來心一橫不管股價高低市價買進,終於買到了,但買到的股價分別為 151 元及 124 元。

他也不知道買到的股票是高價還是低價,反正是要擺長期的。誰知道不到 5 個月的時間,台塑與南亞股價竟下跌一半左右,跟當時買到股票雀躍的心情相比,現在可是憂愁滿面,他想不透為何績優股可以跌得那麼兇?

李媽媽是位家庭主婦，沒什麼閒錢玩股票，也不懂得投資學，當大家瘋狂買進金融股時，她只能挑便宜的股票買，默默的買進台塑、南亞股票，當然持有成本相當的低。當大家嘲笑她不懂操作股票，因為買金融賺得比塑化股來得快又多，她不以為意，只是笑笑地回應。

當六輕案子公布時，台塑、南亞股價開始狂飆，在股價分別漲到 150 元及 122 元時全部出脫，賺取高於成本 10 多倍的利潤出場，羨煞全號子的人。

同樣買進台塑及南亞股票，但結果截然不同，王伯伯與李媽媽的結果一個大賠、一個大賺，其中最大的關鍵是買進的時機點不同及**趨勢判斷**錯誤所致。

所謂**趨勢判斷**，大都由**趨勢線**的方向走勢而定，**趨勢線**是最初步且最簡單的技術分析工具，看懂**趨勢**就是了解大盤及個股的走向，其重要性不言可喻。

趨勢分析概述

前面曾提到，技術分析操作者認為股價的變化如同物體運動一般，具有一定的方向性和規律性，是可以被掌握的，**趨勢**就是反應市場價格大致變動的方向，因此如何掌握市場方向，研判**趨勢**是很重要的。以下三點是有助於你了解股價的走勢！

1 市場的三種主要**趨勢**：

1. 長期**趨勢**（主要**趨勢**）：指的是一年到數年的長期走勢，又稱為空頭或多頭市場。

2. 中期**趨勢**（次要**趨勢**）：指的是 3 個星期到 3 個月的走勢，主要是長期**趨勢**的回檔修正，在多頭市場是指拉高後回檔，在空頭市場是指跌深後反彈。

3. 短期**趨勢**（小**趨勢**）：指的是小於 3 星期的走勢，小**趨勢**是中**趨**

勢進行中的調整。

2 趨勢的三個主要階段：

1. 盤整階段：大盤或個股處於積累往上或往下的能量。

　　對照近幾年的台股走勢也出現過相同的盤整走勢，台股在 2004 年 7 月到 2005 年 10 月之間，由於受到不斷的政治干擾因素所影響而出現盤整，一整年上下約只有 1,200 點的波動空間，隨著利空逐漸淡化，台股慢慢走高，並且在紅衫軍運動落幕後，開始出現較大幅度的反彈行情，從 2005 年 10 月的低點 5,618 點上漲至 2007 年 10 月的 9,859 點。

圖 2-3-1　大盤盤整階段

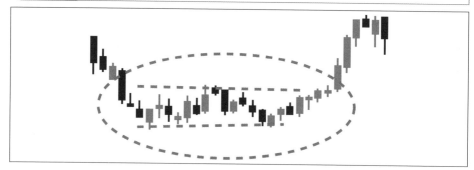

資料來源：康和 e 閃電

2. 溫和的漸進階段：大盤或個股慢慢往上或往下走。

　　台股經歷了歐債危機後，於 2011 年底見到波段新低點 6,609 點，在投資者普遍不看好的情況下，行情出現跌深反彈到 2012 年 3 月的 8,170 點高點。但在油電雙漲及開徵證所稅的利空打擊下，台股一度跌破 7,000 點後拉回，整個年度幾乎在低價低量

圖 2-3-2　大盤溫和漸進階段

資料來源：康和 e 閃電

的行情中度過。

2012 年 11 月台股受到政策不斷釋出利多及政府基金和外資買盤進駐下，台股呈現溫和漸進的方式攻克 8,000 點大關。

3. 快速變化階段:突破盤整壓力或支撐區,正式轉為多頭或空頭走勢。

台股自 2000 年 2 月的 10,393 點跌至 2001 年 9 月的 911 事件的低點 3,411 點後，台股就在 3,411 至 6,484 點區間走出一個大 W 型的波段走勢。這個大 W 型的行情自 2001 年 2 月到 2004 年 7 月走完，其頸線位置約在 6,000 點。當台股突破頸線壓力區後，出現一波開始上漲走勢，這波行情自 2004 年 8 月開始上漲至 2007 年 10 月高點 9,859 點為止。

當反轉訊號被確認時，才可以判斷原有趨勢的結束。很多的反轉訊號是假訊息，主要是做手的誘多或誘空行為，因此如無確定的走勢顯現原有趨勢被打破，否則還是維持原有的趨勢判斷。

圖 2-3-3　突破壓力區

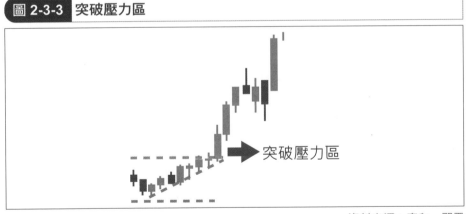

突破壓力區

資料來源：康和 e 閃電

圖 2-3-4 上升突破後又拉回及正式突破向上與成交量之間的關係

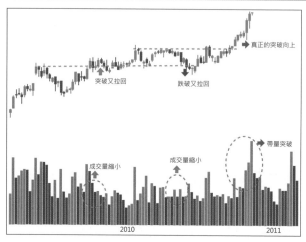

資料來源：康和 e 閃電

趨勢的基礎理論

趨勢分析的根本是走勢圖的變化，藉由圖表分析找出大盤或股價的走勢。在正常情況下，股價的變化是呈現波浪走勢，上升後下降，波谷連接的波峰不斷的反覆變化，因而造成 3 種不同的趨勢：上升趨勢、下降趨勢、盤整趨勢，配合短中長期的時間，形成完美的波段行情。

1 上升趨勢：從較小的價格波動開始逐漸加大震盪範圍與幅度，構成波峰和波谷的依次升高，市場稱之多頭。

圖 2-3-5 多頭的建立

←最低24.00(3/13)

資料來源：康和 e 閃電

2 下降**趨勢**：從較小的價格波動開始逐漸加大震盪範圍與幅度，構成波峰和波谷的依次降低，市場稱之空頭。

圖 2-3-6 空頭的形成

資料來源：康和 e 閃電

3 盤整**趨勢**：從較小的價格波動開始橫向伸展，構成波峰和波谷大致趨平，市場稱之牛皮或盤整。

圖 2-3-7 盤整的走勢

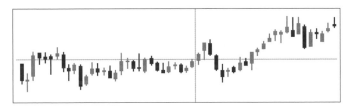

資料來源：康和 e 閃電

4 支撐和壓力：在認識基本的**趨勢**理論後，投資者需要了解何謂支撐和壓力的概念，這是個由線到點的過程，也就是不論價格是處於上升**趨勢**或下降**趨勢**，每一次的波動都會產生一個波峰和波谷。波峰代表多頭力量被壓抑而無法再創新高造成拉回，我們稱之為壓力，

波谷代表空頭力量被阻止而無法再創新低並開始彈升，我們稱之為支撐。

圖 2-3-8 股票市場線圖的支撐與壓力

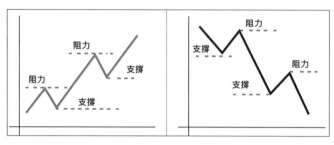

資料來源：作者整理

5 如何確認反轉訊號：當原本的壓力線變支撐線，或支撐線變成壓力線時，配合成交量及 K 線的組合變化及型態（後面將會介紹），將可確認趨勢的反轉。

圖 2-3-9 反轉訊號的確認

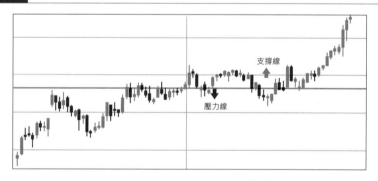

資料來源：康和 e 閃電

6 長期上升趨勢的主要反應：

1. 股市經過長期空頭市場的洗禮，指數與股價開始回穩，人們對於未來的景氣恢復信心，機靈的投資者開始買進股票或期貨選擇權。

2. 大盤與股價快速上揚，利多消息開始散播出來，股票反應上市櫃公司營收轉佳而走高，大部分的技術分析操作者於此時進場。

3. 所有的媒體開始不斷地刊登利多消息時，平時被套牢的投資者也開始進場買股，指數及股價也達到高檔，此時機靈的投資者開始賣出股票或期貨選擇權，多頭行情結束，慢慢走入空頭走勢。

7 長期下降**趨勢**的主要反應：

1. 延續長期上升**趨勢** C 階段，外資法人開始逢高出脫，但消息面及媒體仍偏多反應，散戶還是繼續追高買進。

2. 指數及股價高檔鈍化，賣股的人越來越多，但買盤越來越少，結果股價呈垂直下挫。

3. 最後以多殺多的殺盤逼迫散戶出場，此時下跌幅度**趨緩**，大盤及股票陷入橫向盤整，等待下次多頭行情的開始。

8 **趨勢**的改變必須與各種指數相互做印證，也就是說如果判斷大盤已改變**趨勢**，那麼整個市場其他指數也必須相互獲得印證，例如金融期貨、電子期貨指數也偏向與大盤相同走向，那麼才比較可以被確認。

讀完本書以上內容，你已對技術分析有了初步的了解，在我們進入進階課程之前，和你分享一個小故事！

不少人總是以為像我這樣通熟技術分析的操盤手是戰無不勝的，其實這種看法是不對的。有一天收盤不久，我接到一通有趣的電話，那陣子我的操作是相當不順利的，難免在電話中抱怨：「盤面受消息面影響變化太大，最近操作都停損出場。」打電話來的朋友頗為吃驚：「你是說，你也有賠錢的時候？」

剛開始我以為他在開玩笑，想不到他是認真的，「當然。」我肯定地說，「做股票的每個人都會有賠錢時候。」和許多市場新手一樣，總是認為一旦你嫻熟了少數幾樣簡單的操作技巧或技術分析，操作股票賺錢是易

如反掌的事，實際上根本不是這麼回事。

當我還是市場新手時，我也是根據技術分析書中所教導的指標指示操作，但總是會演變成周一行得通的方式周二就行不通，A 指標顯示買進，B 指標卻還是顯示賣出或整理，這造成我相當疑惑及操作的不順利。

經過長時間不斷的反覆摸索，得到一個領悟，技術指標的反應往往較真實的行情鈍化，也就是說，當行情走出真正的空頭或多頭走勢時，技術指標會給你肯定的確認，讓你安心目前的趨勢沒變，但如果行情正處於多空糾結，技術指標可能會忽多忽空得讓你操作失常。

指標因公式的設計不同，部分技術指標比較屬於積極攻擊型，部分技術指標屬於保守風險控管型，因此不同時間、空間及操作需求，因技術指標的選擇判斷不正確而賠錢是常有的事，只是很簡單的理論卻是很多金錢累積出來的領悟。

其實大部分時候，我所犯的錯誤只是因為缺乏紀律，由於太靠近市場，無時無刻不是在券商 VIP 室看盤，因此很容易受到盤面短期的變化放棄原先規劃的買進賣出策略而追高殺低，最後造成停損出場。因此，堅持自己的操作規劃不追高殺低，不魯莽操作，採取賺多賠少的法則，那麼在股市賺錢真的不是難事。

在操作判斷不順遂時，不妨適度的離開一下盤面，讓自己冷靜後再進場，試著問你自己：如果連每天交易的老手都會發生這種事，你又怎能避免這樣的經歷呢？唯有良好的操作心態，才會有良好的操作結果。

Chapter 03

股價反轉的識別工具（一）：
K 線的基本知識

　　既然我們知道技術分析操作是個人及散戶的操作依據，那麼我們應該好好地了解如何由技術分析圖表中或是技術指標的變動，去判斷進出場的時機及價位。

　　想要學好技術分析，首先必須了解每天股票的跳動數字代表的是什麼意思，從數字的變化中所透露的訊息該如何解讀，並化成對我們買賣股票有助益的工具，因此我們必須了解 K 線的架構及涵義。

單根 K 線的基本形態

陽線基本圖形

圖形				
名稱	大陽線	小陽線	光頭陽線	光腳陽線
應用說明	強烈漲勢	方向不明朗但多頭稍占優勢	下檔支撐強	高檔換手，低檔反轉

字型基本圖形

圖形			
名稱	十字線	上影線較長的十字線	下影線較長的十字線
應用說明	多空雙方勢均力敵、屬於即將變盤的圖形	對空方較有利	對多方較有利

陰線基本圖形

圖形				
名稱	大陰線	小陰線	光頭陰線	光腳陰線
應用說明	強烈跌勢	方向不明朗但空方占優勢	多空交戰、下跌後若有支撐容易反彈	多空交戰、空方勢強

上影線較長的小陽線

多頭主導，但介入需謹慎

下影線較長的小陽線

屬於多頭強勢的線型

陽線鎚子線

低檔區為空轉多、高檔區為多轉空

倒陽線鎚子線

倒鎚子線表示多空操作趨於謹慎，但空頭占有優勢；高檔區域出現時，稱為射擊之星或流星

T字線

對多方有利，低檔區出現時視為轉機

倒T字線

對空方有利，高檔區出現時將有回檔可能

一字型

飆漲或飆跌，成交清淡時也會出現

上影線較長的小陰線

空方主導，但線型較為弱勢

下影線較長的小陰線

屬於多頭弱勢的線型

陰線鎚子線

低檔區為空轉多、高檔區為多轉空

倒陰線鎚子線

倒鎚子線表示多空操作趨於謹慎，但空頭占有優勢；高檔區域出現時，稱為射擊之星或流星

K線的
基本觀念及認識

K線是技術分析最基本的工具,本章將說明單一K線代表的意義。

K線圖具有直觀、立體感強、攜帶信息量大的特點,蘊涵著豐富的東方哲學思想,能充分顯示股價趨勢的強弱、買賣雙方力量平衡的變化,預測後市走向較準確,因此深受亞洲投資人士的喜愛。

相較於亞洲投資者喜歡用K線來判斷行情走勢,歐美方面的投資者採用另一種圖表,就是一柱狀圖(Bar Chart),這種稱為為美國線、竹竿線或直線圖,是流行於歐美股市的圖形畫法。使用竹竿圖的畫法可以將價位的最高價、最低價以及收盤價位明顯地在圖形上標示出來。

傳統的竹竿圖只是將每日商品價位行情的最高價與最低價之間,以一條垂直線來畫出,然後將收盤價以一小條橫線標畫在這根垂直線的右邊,而後來比較重視開盤價的應用以後,才又將開盤價以一小條橫線畫在垂直線的左邊。不過由於很難判斷實體大小及收紅收黑,因此對於台灣的投資

圖 3-1-1 相對於台灣投資人慣用的 K 線,歐美人士則習於使用柱狀圖

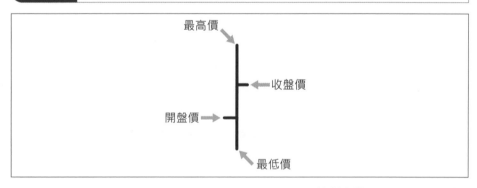

資料來源:**Money DJ** 理財網

者而言，比較少人採用。

當然竹竿圖畫法容易看起來清爽簡單，要畫*趨勢線*也可以，因此普遍獲得偏重*趨勢*面研究的投資人喜愛。

基本圖形的繪製

K 線是根據股價（指數）一天的走勢中形成的 4 個價位，即開盤價、收盤價、最高價、最低價繪製而成的。

收盤價高於開盤價時，則開盤價在下，收盤價在上，二者之間的長方柱用紅色或空心繪出，稱之為陽線；其上影線的最高點為最高價，下影線的最低點為最低價。從開盤到收盤是決定當天 K 線是陽線或陰線的一個過程。

需要注意的是，陽線並不代表今天的股票相對於昨天來說一定是漲的，也有可能是開在低盤，而收盤卻在平盤以下。以 K 線的原理來說，紅陽線所代表的意義是在整天漲升的氣勢，而不是相對前一天收盤的漲跌，這是許多投資人所誤解的。

收盤價低於開盤價時，則開盤價在上，收盤價在下，二者之間的長方柱用黑色或實心繪出，稱之為陰線。其上影線的最高點為最高價，下影線的最低點為最低價。當收盤價低於開盤價時，實體部分一般繪成綠色或黑色，稱為「陰線」。

簡單地說，開盤到收盤整體是個下跌的*趨勢*，陰線並不代表今天的股票相對於前一天收盤來說一定是跌的，也有可能是開在高盤，而收在平盤以上。以 K 線的原理來說，陰線的意義是代表股票在弱勢的一種表徵。

K 線的波動範圍界定

報章雜誌或電視節目常在報導時提到，今天大盤以小紅作收，或是今天大盤是帶量長黑收市，究竟小紅小黑或是長紅長黑的波動範圍如何界定呢？

根據開盤價與收盤價的波動範圍，可將 K 線分為極小紅棒、極小黑棒，小紅棒、小黑棒，中紅棒、中黑棒和長紅棒、長黑棒等線型。以下說明它們一般的波動範圍：

　極小紅棒、極小黑棒的波動範圍在 0.5%～1.5%左右；

　小紅棒、小黑棒的波動範圍一般在 1.5%～3%；

　中紅棒、中黑棒的波動範圍一般在 3%～5%；

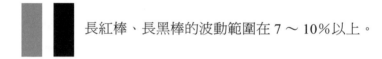　長紅棒、長黑棒的波動範圍在 7～10%以上。

K 線的計算週期

　　根據 K 線的計算週期，可將其分為日 K 線、周 K 線、月 K 線、年 K 線。日 K 線是以當日的開收盤及最高最低價來畫的 K 線圖。週 K 線是指以週一的開盤價，週五的收盤價，全週最高價和全週最低價來畫的 K 線圖。月 K 線則以一個月的第一個交易日的開盤價，到最後一個交易日的收盤價與全月最高價與全月最低價來畫的 K 線圖，同理可以推得年 K 線定義。週 K 線、月 K 線常用於研判中長期行情。

　　對於短線操作者來說，日 K 線及眾多券商分析軟體提供的 5 分鐘 K 線、15 分鐘 K 線、30 分鐘 K 線和 60 分鐘 K 線也具有重要的參考價值。

K 線的基本知識

1. 大陽線（大白線長紅線）

開盤價就是最低價，收盤就是最高價，形成沒有上下影線的長紅線

開盤價就是當日的最低價，隨後價格一路上揚至最高價處收盤。從一開盤，買方就積極進攻，中間也可能出現買方與賣方的纏鬥不止，但買方發揮最大力量，一直到收盤。買方始終占優勢，使價格一路上揚，直至收盤。此種情況表示強烈的漲勢，股市呈現高潮，買方瘋狂買進，不限價買進。

握有股票者，因看到買氣的旺盛，不願拋售，出現供不應求的狀況。但若出現在跌勢剛反轉上漲時，代表空方失守，多方獲勝，實體幅度越長代表買氣越強，後勢將轉為上升走勢。

2. 有上下影線的陽線（反轉試探型）

從最高價拉回至收盤價之上做收稱之為上影線

開盤後價位下跌，但遇多頭買盤支撐，多空雙方交戰之後，多頭力量增強推升股價一路上揚，臨收盤前部分短多獲利回吐，但仍以最高價之下收盤。

這是一種反轉訊號，如在大漲後出現，表示高檔震盪，如成交量大增未來可能會下跌；如在大跌後出現，

未來可能會反彈，根據上下影線及紅棒實體的不同又可分為 2 種情況：

1. 上影線較下影線長之紅棒實體：又分為影線部分長於紅棒實體表示多方力量受挫。紅棒實體長於影線部分表示多方雖受挫折但仍占優勢。

2. 下影線長於上影線之紅棒實體：亦可分為紅棒實體長於影線部分，表示多方雖受挫但仍居於主動地位。影線部分長於紅棒實體，表示多方尚需接受空方的考驗。

3. 光腳陽線（陽線戴帽）
僅有上影線的紅 K 線

開盤即是最低價，一路走高後遇到壓力拉回收盤，但收盤仍比開盤價高

一開盤買方強勢的將價位一路上推，但在高檔區遇賣方阻力，使股價上升受壓。賣方與買方交戰結果，最後為買方略勝一籌。後勢發展仍應觀察紅棒實體與上影線的長短而定。

1. 紅棒實體比上影線長，表示多頭在高檔區遇到阻力是屬於多頭獲利了結。但多頭仍是市場的主導力量，後勢繼續看漲。

2. 紅棒實體與上影線同長，表示多頭把價位上推，但空頭的阻力也在增加。二者交戰結果，空頭把價位壓回一半，多頭最後雖還是占優勢，但顯然不如空頭的優勢大。

3. 紅棒實體比上影線短，表示多頭在高檔區遇空頭的全面反擊，此時多頭受到較大賣壓襲擊，市場大多數短線投資者紛紛獲利了結，在當日交戰結束後，空頭已

收回大部分失地。多頭僅剩的一塊小小的堡壘（實體部分）將很快被消滅，這種 K 線如出現在高檔區，則隔天開低走低的可能性較大。

4. 光頭陽線（僅有下影線的紅 K 線）

開盤後遇到壓力而走弱，隨後有買盤介入而收高

開盤後，空方氣盛而導致價格下跌。但在低檔區得到買方的支撐，賣方氣勢受挫，股價反而走強高過開盤價，一路上揚直至收盤，並收在最高價上。總體來講，出現先跌後漲型，買方力量較大，但實體部分與下影線長短不同，顯現出多方與空方力量對比的不同。

光頭陽線實體部分與下影線的長短不同也可分為 3 種情況：

1. 紅棒實體部分比下影線長，代表價位下跌不多，股價隨即受到買盤的支撐走高，而當股價上揚突破開盤價之後還大幅度走強收高，顯示多方實力較強。

2. 紅棒實體部分與下影線相等，代表買賣雙方交戰激烈，但大體上多方占主導地位，對多頭有利。

3. 紅棒實體部分比下影線短，代表買賣雙方在低價位區上發生激戰。遇多方支撐逐步將股價拉高。如從當日圖形中可發現，上面實體部分較小，說明多頭的優勢不會太大，如空方隔日捲土重來，則多方的實體很容易被攻占。

如在整理盤整或長期跌勢後，出現留下影線的紅 K 線，可視為上漲之前兆，而下影線愈長，則反彈力道愈強。

5. 陽線鎚子

鎚子的產生是一個重要的反轉訊號

市場在下跌一段時間後，空頭力量逐步消耗，而多頭力量慢慢積聚，當在某一交易日出現價格大幅下跌，但底部此時已明顯呈現極強的買進訊息，有買盤大力將價格上推，一直達到當天最高價作收或是接近最高價作收。其 K 線形態一般為帶長下影線的陽線，形狀如一把鎚子故名為「陽線鎚子」。

鎚子是一個重要的反轉訊號，發生在大幅的下跌之後或嚴重的超賣情況中才有意義。如果發生在兩、三天的下跌走勢之後，通常沒有特殊的意義。另外，由鎚子所發動的反彈很可能遭逢賣壓，所以漲勢經常拉回重新試探鎚子的底部。

根據鎚子進行交易，取決於交易者的心態與風險偏好。某些交易者希望在鎚子之後立即買進，因為價格未必會重新試探鎚子的底部；另一些交易者希望等待價格拉回，完成試探之後再進場。如果盤勢成功地試探鎚子的支撐區，底部將更為堅實，隨後的漲勢也比較穩當。

6. 大陰線（長黑或長綠線）

開盤價就是最高價，收盤就是最低價，形成沒有上下影線的長黑線

開盤價處於全日的最高價，隨後價格一路下滑至最低價收盤，從一開始賣方就占優勢，此時的股市應是處於低潮，握有股票者不限價格瘋狂拋出，造成恐慌心理。市場呈現一面倒，直到收盤時價格始終下跌，表示市場

強烈跌勢，特別是出現在高價區域，更加危險。在跌勢時期出現大陰線，通常會加速下跌，需防股價暴跌。

7. 有上下影線的陰線（彈升試探型）

> 從最高價拉回至開盤價之上做收稱之為上影線，從最低價拉回至收盤價之上做收稱之為下影線

大多發生在多空急戰，空方勝於多方，如在大跌後出現，未來可能出現反彈，如在大漲後出現，未來可能出現盤跌格局。若下影線長於上影線，則多方出現頑強抵抗，但空方仍略勝一籌；而下影線短於上影線，則多方無力抵抗，空方勝利。

當長上下影線小實體 K 線時，空頭稍占上風，未來可能下跌；當短上下影線小黑實體 K 線時，則陷入狹幅震盪盤整。

8. 光腳陰線（陰線戴帽）
僅有上影線的黑 K 線

> 開盤後即一路走高，隨後遇到壓力拉回收在最低盤

空頭較為強勢，上檔賣壓沉重，未來可能下跌。若在上漲末波段出現，是為反轉下跌的訊號。

一開盤，多頭與空頭進行交戰，多頭占上風並將價格一路推升。但在高檔區遇空頭阻力反攻，導致多頭節節敗退，最後以最低價收盤，空頭占優勢並充分發揮力量，使多頭陷入「被套牢」的窘境。 具體情況仍有以下3 種：

1. 黑棒實體比上影線長，表示多頭將價位推升不多，立即遇到空頭強有力的反擊，空頭把股價攢破開盤價後乘勝追擊，並繼續將價位下壓很大的一段。此時賣方力量特別強大，局勢對賣方有利。

2. 黑棒實體與上影線相等，表示多頭將價位推升，但空頭的力量更強，占據主動地位，局勢對賣方具有優勢。

3. 黑棒實體比上影線短，空頭雖將價格向下擠壓，但力道不夠。隔天開盤時多頭力量可能再次反攻，黑棒實體很可能被攻占。

9. 光頭陰線（僅有下影線的黑 K 線）

開盤就是最高價，隨後遇到賣壓而走弱，當價格走至最低時，有買盤介入而拉高，但收盤還是低於開盤

股價一度大幅下滑後受到買盤支持，價格回升向上，雖然收盤價仍然低於開盤價，也可視為強勢。但在高價區出現時，說明價格有回檔要求，應注意賣出。如在跌勢盤，出現留下影線的陰線，可能為反彈的前兆，而下影線愈長，則反彈力道愈強。

與有下影線的紅 K 線情況相同，有下影線的黑 K 線的實體部分與下影線的長短不同也可分為 3 種情況：

1. 黑棒實體部分比下影線長，表示賣壓比較大，一開盤股價就大幅度下跌。但在低點遇到多頭抵抗，多方與空方發生激戰拉鋸，下影線較短說明多方把價位上推不多。總體而言，空方占了比較大的優勢。

2. 黑棒實體部分與下影線一樣長,表示空方把股價拉低後,多方的抵抗也在增加,但可以看出空方仍占優勢。

3. 黑棒實體部分比下影線短,空方把股價一路拉低,但在低價位區遇到多方頑強抵抗反擊,並且還逐漸把股價向上推升,最後雖以黑棒作收,但可以看出空頭只占極少的優勢。後勢發展很有可能多頭會全力反攻,把小黑實體全部吃掉。

10. 陰線鎚子

鎚子不論收紅收黑都不影響判斷,重要是所處位置

與陽線鎚子差不多,只不過一個收紅、一個收黑。鎚子不論收紅收黑,都不影響判斷,重要的是出現在持續走空後的低檔區或是在多頭攻頂的高價區,在低檔區是空轉多的訊號,在高檔區則是多轉空的反轉訊息。

11. 十字星 K 線（十字線）

開盤即是收盤,多空雙方相互抗衡,留下上下影線

多空勢均力敵,通常為反轉或趨於盤整的前兆。如果上下影線長,表示多空雙方對抗激烈,未來可能會有變化;如果上下影線短,表示未來可能陷於盤整。若出現在近期波段的高點,則多方力量減弱,股價有可能下跌。十字線出現在近期波段的低點,則空方力量轉弱,股價有上漲的可能。當出現在盤整時,多空雙方則必須再較量,才能分出高下,應密切注意後勢發展。

12. 一字型 K 線

開收盤及最高最低價均同一價位，形成一字型

此一線型屬於非常極端型，不是多頭最強勢，空頭最強勢就是極度冷門股。開盤跳空漲停板一價到收盤；開盤跳空跌停板一價到收盤；非常冷門的股票，一整天只在同一個價成交一、兩筆股票。

13. T 字型 K 線

開盤和收盤相同，雖有壓力促使股價走低，但最後多頭還是將其拉至最高做收，形成 T 字型

T 字型，雖下檔有賣壓，但開盤價以下買盤積極，次日若賣方不強，則股價有可能反轉向上。在連漲數日後出現，多方出現疲態，可能開始轉弱；但在暴漲的格局中出現，則有可能繼續往上攻堅。

在跌勢的盤局出現，則可能是反轉的訊號。但應特別注意盤勢是否已經止跌向上，還是下跌波中的小反彈。如果下影線愈長，代表雖賣壓強，但買盤更強，屬多方勝利。

14. 倒 T 字型 K 線

買盤雖然積極，但上檔壓力更重，出現倒 T 字型隔天大都會出現走低的可能

買氣雖強，但上檔壓力更沉重，若次日買方不強，則股價有可能反轉向下。在連續上漲中發生，則有可能開始轉弱，所留上影線愈長，則賣壓愈沉重。在連續下跌中出現，應特別注意次日所產生的變化，否則還是有可能繼續往下跌。

K線
基本分析技巧

市場上對移動平均線的運用，由單一移動平均線到多達 4 條線形同時使用，而其運用各有巧妙不同。

單根 K 線分析的基本原理

K 線是價格運行的綜合表現，無論是盤面上出現小紅小黑棒或是上下影線，都有其特別涵義，因此使用 K 線絕對不能死板地使用。不同趨勢所出現的單根 K 線或者組合代表的意義不盡相同，因此研究 K 線應該明白下面幾個要素：

1 同樣的 K 線組合，月線的可信度最大、週線次之、日線容易出現騙線。在運用 K 線組合預測後勢行情時，日線必須配合週月線使用判斷才會準確。

2 股價在不同的區域出現相同的 K 線組合時，其代表的涵義都不相同，因此高檔出現早晨之星的 K 線組合或低檔出現早晨之星的 K 線組合，最後結果就不同。所以研判單根 K 線或 K 線組合時，應該將當前趨勢及高低檔位置考量進去。

3 單根 K 線或組合 K 線必須配合成交量來看，成交量視多空力量搏鬥激烈程度大小，而 K 線是其搏鬥後的結果。因此只看單根 K 線或組合而不看量，其操作結果將會大打折扣。我們可以得知成交量是因，K 線組合型態才是果，先有因才會有果，先看成交量是不是符合，再來判斷 K 線形態會不會完成。

4 陰陽（紅黑）：陰陽代表趨勢方向，陽線表示股價將持續上漲，陰

線表示股價將持續下跌。以陰線為例，在經過一段時間的多空纏鬥後，收盤低於開盤，表明空頭占據上風。根據力學原理，在沒有外力作用下，價格仍將按原有方向與速度運行，因此陰線預示下一個交易仍可能繼續下跌，反之，陽線預示下一個交易仍可能繼續走揚。

故陰線往往預示著繼續下跌，這一點也極為符合技術分析中三大假設之一——價格沿趨勢波動。而這種順勢而為，也是技術分析最核心的思想。

5 實體大小： 實體大小代表內在動力以及多空實力的展現，實體越大，上漲或下跌的趨勢越是明顯，反之，趨勢則不明顯。以陰線為例，其實體就是收盤低於開盤的那部分，陰線實體越大，說明了下跌的動力越足，反之，陽線實體越大，代表其內在上漲動力也越大，其上漲的動力將大於實體小的陽線。

實體大小也是多空實力的展現，它是當日交易最大成交的區間，代表當日市場多空纏鬥後大多數人操作所得到的結果。實體所涵蓋的價格區間越大，這一勝利成果的技術意義越大，對以後股價走勢影響的時間也越長。

圖 3-2-1　高檔區域出現 T 字線，行情將反轉

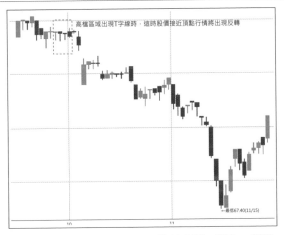

資料來源：康和 e 閃電

對實體不斷加長的連續陰線或陽線，如果是出現在行情連續上升或下跌的走勢中，投資者就可以判斷出多空雙方力量對比已經比較懸殊，行情正向著一邊倒的方向前進，同時也預告行情轉向的時間也不斷逼近中。

圖 3-2-2　陰線陽線相間，代表市場走向不明

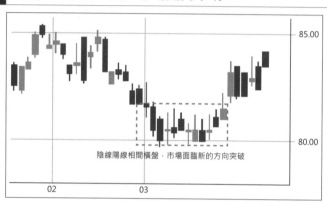

陰線陽線相間橫盤，市場面臨新的方向突破

資料來源：康和 e 閃電

對實體不斷加長的陰線陽線相間，如果是在單邊走勢出現，說明原有趨勢將發生變化；如果是在橫盤走勢後出現，則表示經過多空爭鬥後市場將面臨選擇突破方向。

實體的創新高與最高價的創新高不一定同步，但是實體創新高才是真正的突破，比上影線創新高來得更真實確定。

6　影線長短：影線代表轉折訊號，如果影線向一個方向越長，越不利於價格向這個方向變動，即下影線越長，越不利於股價下跌，上影線越長，越不利於股價上漲。投資者在股市交易過程中，不論當天K線是收陰還是陽，上影線形成將構成隔天交易的上檔阻力，同理可得下影線則預告價格向上走高的可能性較大。

上影線：
上影線出現在陽線中，代表多方拉回或是漲勢受到挫敗；出現在陰線

中，代表空方氣盛多頭無力攻擊。而根據上影線的成交量占當天總成交量的比例，可以將上影線分成帶量上影線和小量上影線。帶量上影線通常是出現在最高價附近的誘多行為，對多頭的壓力較大，而小量上影線大部分只是多頭一時挫敗，隔天很容易出現持續走高。

下影線：

下影線出現在陰線中，代表空方拉回或是跌勢受到挫敗；出現在陽線中，代表多方氣盛，空頭無力攻擊。而根據下影線的成交量占當天總成交量的比例，可以將下影線分成帶量下影線和小量下影線。帶量下影線通常是出現在最低價附近的誘空行為，對多頭帶來支撐，但對做空形成壓力，而小量下影線大部分只是空頭一時挫敗，隔天很容易出現繼續下跌。

單根 K 線操作綜合分析

前面的 K 線簡介中，曾概略介紹單根 K 線的各種特性及可能的反應，但是單根 K 線出現在股價的底部、股價的上漲或下跌途中、股價的上漲及下跌末段，各有其不同的解讀涵義，投資者必須清楚正確的判斷，方不會造成虧損。

1 大陽線的操作判斷：

大陽線是 K 線中股價上漲最明顯的訊號，因此如果它的實體很長，更是代表多頭強烈攻擊的意味。由於台股有漲跌停板制度，因此最大的陽線實體可達開盤價的 14%，也就是以跌停開出、以漲停作收。而大陽線上漲的力量及強度大小，與其實體長短成正比。

大陽線雖然代表著多頭強烈攻擊信念，但並非它出現後股價未來走勢就一定會走高，主要還是要看它出現的相對位置而論。

1. 大陽線出現在底部區域或是波段底部區域

股價下跌後期開始在低檔區域出現震盪盤整走勢，這也就是我們常說的底部區域。經過短暫的盤整後，在底部區域出現放量大陽線時，此時波段底部形成新的上升行情開始。投資者在操作股票時如果看見這種底部大

陽線時，即便不能確認新的多頭行情開始，也可以少量買進，而一旦發現股價持續放量走高時，便可大膽大筆買進。

圖 3-2-3 大陽線出現在底部

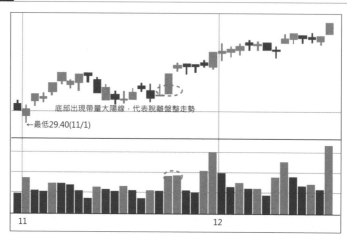

底部出現帶量大陽線，代表脫離盤整走勢

←最低29.40(11/1)

資料來源：康和 e 閃電

2. 大陽線出現在上漲中途

一般來說，股價在經過一波上漲之後，整個籌碼顯得相當凌亂，主力會在一定的價位區間來回震盪，洗去過多的獲利籌碼以降低持有成本。待洗盤整理結束後，為了再度吸引市場資金的注意，並且維持濃烈的多頭氣氛，所以利用大陽線來吸引市場目光。

出現這種情況後，投資者應該注意第二天走勢，如果漲勢可以持續且成交量也跟著放大，那麼就是個波段操作的買入時機，把握好這種波段操作，將可獲得相當可觀的投資收益。

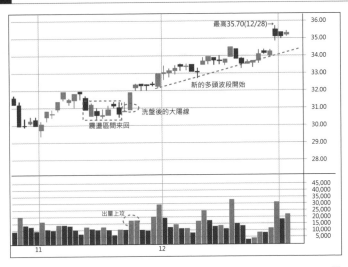

圖 3-2-4 大陽線出現在上漲中途

最高35.70(12/28)→

新的多頭波段開始

洗盤後的大陽線

震盪區間來回

出量上攻

資料來源：康和 e 閃電

3. **大陽線出現在上漲末段高檔區**

很多時候股價在上漲一段時間後，在高檔區域出現大陽線，這時候投資者就要相當小心注意，因為很有可能是多頭的末波段走勢，正在進行加速趕頂的動作，也可能是主力的最後誘多行為，此時如貿然買進將會套牢在高點。如何判斷是不是末波段走勢，這時候就要借助輔助技術指標來做確認。

下圖就是很標準的加速趕頂誘多大陽線，投資者可以看見出現大陽線後成交量開始萎縮，而 MACD 也由紅柱狀體轉為藍色，這代表行情逐漸轉由空方控盤，因此切不可再度追高買進。

部分的個股在高檔出現大陽線後，股價還是有機會再創新高，儘管技術指標與成交量都持續背離。因此如果股價還是繼續走高，那麼對短線投資者或是先前買進的投資者而言，或許會遇到一波瘋狂的噴出行情。不過最好還是記得設好停損以防萬一，停損不妨設在這支大陽線的下方。

圖 3-2-5 大陽線出現在上漲末段高檔區

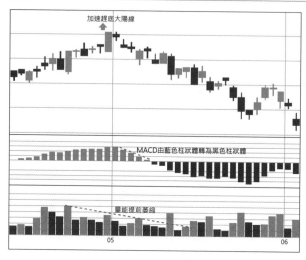

加速趕底大陽線

MACD由藍色柱狀體轉為黑色柱狀體

量能提前萎縮

05   06

資料來源：康和 e 閃電

4. 大陽線出現在下跌中途

在下跌趨勢的中途出現大陽線時，投資者不可因為一根大陽線就判斷股價已經見底，很多時候是主力的誘多行為，也或許是空頭因突發性消息發布而急著回補動作，投資者不可見獵心喜，應該要觀察 3 到 5 個交易日內的成交量。如果價量都轉多，那就比較像是真的反轉契機；如果價漲量縮或價量都縮小，那就不排除只是空頭趨勢中的小調整而已。

圖 3-2-6 大陽線出現在下跌中途

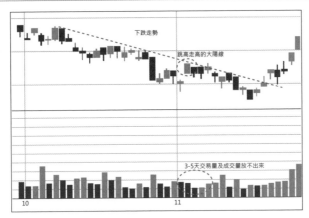

資料來源：康和 e 閃電

5. 股價下跌的末跌段出現大陽線

股價下跌的末跌段出現大陽線，就有見底可能反彈或轉向的可能，這種狀況產生於先前空頭大力摜壓造成股價的急速下跌，當空方力竭、多方反攻時，股價可能就此由空轉多。

圖 3-2-7 股價下跌的末跌段出現大陽線

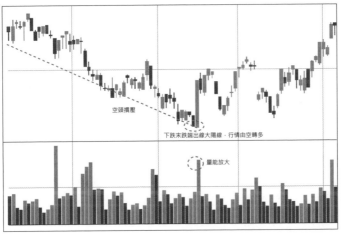

資料來源：康和 e 閃電

6. 個股週線出現大陽線

週線是個股一週內的波動幅度增長情況變化，如果個股週線出現放量大陽線，這代表日線在過去 5 個交易日內出現連續上漲走勢。如果個股處於剛上漲初升段出現大陽線時，只要回檔幅度不大，加上量能不失，多頭還是可以繼續持有。如果個股處於漲了一段時間後出現大陽線時，有可能是加速趕頂動作，多頭必須謹慎應對。

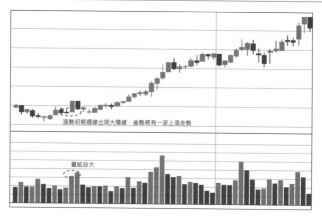

圖 **3-2-8**　個股週線出現大陽線

資料來源：康和 e 閃電

7. 個股月線出現大陽線

月線是個股一月內的波動幅度增長情況變化。由於月線是長期趨勢走勢的判斷依據，因此當個股月線出現大陽線時，有可能是行情已經出現瘋狂狀況，一個月的行情已經透支未來幾個月或幾年的多頭行情。如果成交量無法支持或是輔助技術工具轉為空方控盤時，多方可能出現較大回檔修正走勢。

8. 大陽線重點總結

投資者在操作股票過程中，不能看到大陽線就見獵心喜，首先要清楚當前股價所處位置，並且要看大陽線出現在哪個週期之中，只有股價是處於上漲初期底部區域或是處於上漲中途才可以做多。而股價是處於上漲末段或下跌中途時，就要避開這種大陽線，避免追漲行為，以免被套在高點。

其次，無論日線、週線、月線的圖形在高檔區域出現大陽線時，無論量能是減少還是增加，都是表示頂部的高點已快見到，投資者可由輔助技術指標來加以判斷。

圖 3-2-9 個股月線出現大陽線

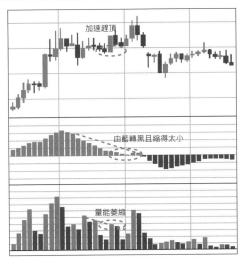

資料來源：康和 e 閃電

2 光頭陽線的操作判斷：

光頭陽線是指收盤價是當天最高價，沒上影線但帶有下影線的陽線。光頭陽線代表市場做多意願較為強烈，股價上漲的機率加大，而下檔低點的買進拉高，也容易對股價形成較大的支持。

1. 光頭陽線出現在底部區域或是波段底部區域

股價在經歷連續下跌的走勢後出現了光頭陽線，雖然此時個股的成交量仍是量縮狀態，但股價已經不會再繼續下跌，改以橫盤整理走勢替代。在區間的築底走勢中，雖然還是會有賣壓打壓股價，但並不會再創新低價，待盤整完成後，股價開始突破帶量走高，新的多頭趨勢逐漸形成。

圖 3-2-10　光頭陽線出現在底部區

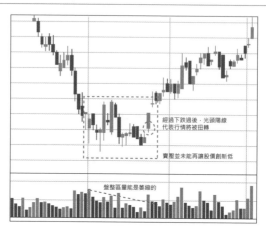

經過下跌過後，光頭陽線
代表行情將被扭轉

賣壓並未能再讓股價創新低

盤整區量能是萎縮的

資料來源：康和 e 閃電

2. 光頭陽線出現在上漲中途

　　光頭陽線出現在上漲中途，表示後勢將持續看好。如果是在上升趨勢中出現的話，則有助漲的功用；如果是在下降趨勢或橫盤整理時出現，則不排除是主力誘多的陷阱，介入要小心。

圖 3-2-11　光頭陽線出現在上漲中途

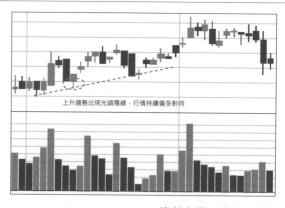

上升趨勢出現光頭陽線，行情持續偏多對待

資料來源：康和 e 閃電

3. 光頭陽線出現在上漲末段高檔區

　　光頭陽線出現在上漲末段高檔區（見圖 3-2-12），如股價無法創新

高，成交量萎縮，不排除是主力邊拉邊出的誘多行為，可搭配輔助技術指標判斷。

投資者在操作股票時，如果在漲勢中途遇見光頭線，只要上漲的趨勢未變，那麼就可以大膽買進。如果漲到一定的高檔轉為橫向盤整時，或是在下跌趨勢遇見，那就有可能是個誘多的陷阱，要謹慎應對。

圖 3-2-12 光頭陽線出現在上漲末段高檔區

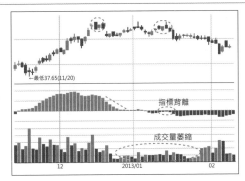

資料來源：康和 e 閃電

3 光腳陽線的操作判斷：

光腳陽線是指當天開盤就是最低價，沒有下影線卻帶有上影線的陽線，此線雖是多頭拉抬的象徵，但上檔略有壓力阻攔。

1. 光腳陽線出現在上漲初期或中途

在上漲初期及中途出現光腳陽線，代表多頭攻擊力道強勁，後勢看好。

圖 3-2-13 光腳陽線出現在上漲初期或中途

資料來源：康和 e 閃電

2. 光腳陽線出現在漲勢後期高檔區

當股價快速拉升到一定的漲幅時，股價多次出現光腳陽線，這時該小心是不是高檔誘多的行為。雖然很多個股高檔出現光腳陽線後，股價還會再創新高，但風險也會跟著加大，投資者應以輔助技術分析指標加以判別。

圖 3-2-14 光腳陽線出現在漲勢後期高檔區

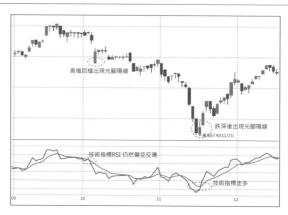

資料來源：康和 e 閃電

4 上影陽線的操作判斷：

股票交易過程中，往上必會遇到逢高賣出的阻力，往下必會有逢低買進的支撐，因此就會在 K 線中形成上下影線。在上升走勢中出現帶有上影線陽線時，顯示多頭向上攻擊時遇到較大壓力，造成股價由高檔回跌。

上影陽線的出現比較多的可能是主力試盤試水溫的動作，因為上影線的長短與高檔受壓大小有關係。上影線越長代表往上壓力越大，越短代表往上沒什麼太大壓力，因此上影線短代表好拉抬，上影線長代表阻力較大，所以多頭操作者遇到 K 線出現較長上影線時，尤其是在關鍵壓力帶時，必須小心應對。

1. 上影陽線出現在底部區域或是波段底部區域

多頭在做試盤動作，由於盤整的時間過久，因此套牢的賣壓相當大，買盤稍有拉高便有解套或認賠的賣單湧現，但多方有心拉抬股價，所以出現上影陽線。底部區如出現這種線型，想做多的投資者可以多加注意，但多頭行情並不會馬上發動。

圖 **3-2-15** 上影陽線出現在底部區域

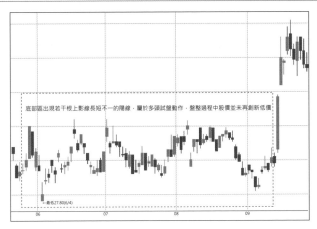

底部區出現若干根上影線長短不一的陽線，屬於多頭試盤動作，整整過程中股價並未再創新低價

←最低27.80(6/4)

資料來源：康和 e 閃電

2. 上影陽線出現在上漲初期

在上漲初期股價出現若干根帶長短不一上影線的陽線，由於此時股價尚低，無法有獲利空間，加上短線帽客低買高賣當沖做差價，因此出現這種線型也是屬於試盤的行為。如果主力感覺壓力大就順勢拉回洗盤，把短多及想解套的賣壓在低檔洗出，待籌碼穩定後就會出現一波較大的漲勢。因此在漲勢初期如遇到若干根上影線或長上影線時，小心不要被洗出局。

圖 **3-2-16** 上影陽線出現在上漲初期

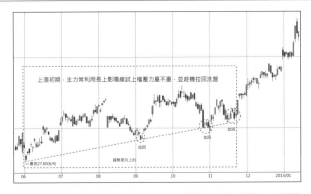

上漲初期，主力常利用長上影陽線試上檔壓力重不重，並趁機拉回洗盤

最低27.60(6/4)

拉回

拉回

趨勢是向上的

資料來源：康和 e 閃電

3. 上影陽線出現在漲勢後期高檔區

當股價上漲一段時間過後，通常都會在高檔區形成盤整震盪走勢，如果在這個時候、這個區域出現帶長上影線的陽線就要小心注意。通常主力會利用這種帶長上影線在盤中出貨，即便股價不會馬上下跌，但是離頭部的高點或形成不會太遠。

過去很多個股於盤中創新高後拉低收紅，隔天馬上形成一波下跌走勢，其創新高拉低收紅的 K 線，往往就是這種帶長上影線的陽線，因此高檔區見到帶長上影線的陽線時，多頭投資者可以減碼操作，然後再觀察後面走勢。

如果股價已無法再創新高時，那麼剩下的股票也要完全出清離場，因為這根高檔帶長上影線的陽線已成為股價走高的壓力，股價無法創新高就表示市場已由原來看多轉為看空，股價將會出現一波較大的下跌修正走勢。

圖 3-2-17 上影陽線出現在漲勢後期高檔區

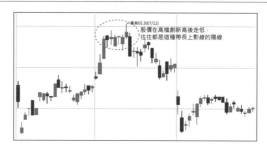

資料來源：康和 e 閃電

5 下影陽線的操作判斷：

與前面的上影陽線類似，唯一相異的地方在於影線是在 K 線實體的下方。下影陽線的出現，代表多空交戰中，多方實力較空方來的強一些，股價先跌後漲最後收高，股價將有再進一步的潛力。

1. 下影陽線出現在上漲初期

在上漲初期股價出現若干根帶長短不一下影線的陽線，由於這種下影陽線具有止跌助漲的作用，因此股價在脫離底部後，將有波上漲走勢，此時投資者可以由成交量及其他輔助技術指標的幫忙判斷，逢低進場做多。

圖 3-2-18 下影陽線出現在上漲初期

資料來源：康和 e 閃電

2. 帶長下影線的陽線出現在下跌趨勢中

在下跌趨勢中出現帶長下影線的陽線並非止跌，而是多頭無力抵抗的行為表徵。即便期間出現反彈也不會持久，因為這只是多頭趁空頭盤整時期的嘗試性反攻，如無帶量連續上漲是無法扭轉整體走空的趨勢，所以投資者不要在下跌趨勢中，見到一、兩根帶有長下影線的陽線就進場做多，因為當趨勢形成後，並不會因幾根長下影線的陽線出現就改變。

底部的確立是需要時間和成交量相互配合的，如果見樹不見林的操作股票，將會造成損失的。

圖 3-2-19 帶長下影線的陽線出現在下跌趨勢中

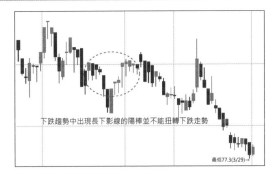

資料來源：康和 e 閃電

6 有上下影線的陽線操作判斷：

這種帶上下影線的陽線可分為實體長於上下影線的陽線、實體短於上影長於下影的陽線和實體短於下影長於上影的陽線，而實體同時短於上下影線的陽線，則被歸於十字星類。

1. 實體長於上下影線的陽線是比較常見的陽線形態，陽線的實體較大，代表多頭占有優勢。若在上漲初期不斷的出現這種 K 線，並伴隨股價走升，代表主力做多意願較強，後勢看好。

圖 3-2-20 實體長於上下影線的陽線

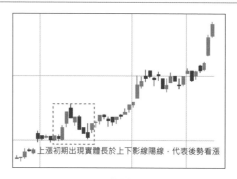

資料來源：康和 e 閃電

2. 實體長於上下影線的陽線出現在高檔區並伴隨巨量，次日股價開盤後，如無法站穩這支巨量陽線的上影線之上，要小心走勢有反轉的可能。

   因為這可能是主力誘多或是試探上檔壓力大小如何，如果股價是站穩在這根巨量陽線上影線之上震盪，則多頭有可能繼續上攻；如果是在巨量陽線之下影線區域波動，則行情有可能由上升趨勢轉為下降走勢，這時多頭應該適量減碼或出場。

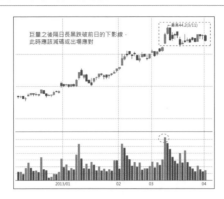

圖 3-2-21 實體長於上下影線的陽線

巨量之後隔日長黑跌破前日的下影線，
此時應該減碼或出場應對

最高44.2(3/11)

2013/01　　02　　03　　04

資料來源：康和 e 閃電

3. 實體短於上影線而長於下影線的陽線，代表多頭心有餘而力不
足，逢高獲利了結的賣壓較重，最後雖然收紅，好像多頭占上風，
但實際上賣方的力量正在加大，除非下個交易日可以走高，越過
這根陽線的上影線之上，否則收黑的可能性較大。

這時多頭就需要先行減碼，以免遭受回檔而受損。如果在高檔出現，
則有趨勢逆轉的可能性；如果在低檔區出現，則有試盤的可能。

圖 3-2-22 實體短於上影線而長於下影線的陽線

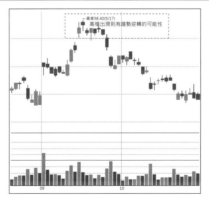

最高98.40(9/17)
高檔出現則有趨勢逆轉的可能性

09　　10

資料來源：康和 e 閃電

4. 實體短於下影線而長於上影線的陽線，代表多空力道相差不多，但是多頭占有較大優勢。主要是在低檔有較大的買盤拉升股價，後勢看漲的機會較大。如果是在週線中出現，多頭氣勢可望延續，唯在高檔區時出現，如量能沒放大，多頭就要小心主力的邊拉邊出誘多伎倆。

圖 3-2-23 實體短於下影線而長於上影線的陽線

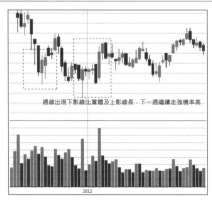

週線出現下影線比實體及上影線長，下一週繼續走強機率高

2012

資料來源：康和 e 閃電

7 小陽線操作判斷：

投資者在交易的過程中，會發現日 K 線中經常出現小陽線。小陽線出現代表多頭占上風，但上攻無力，未來走勢發展比較模糊不清。

由於單獨出現的小陽線對 K 線的技術分析意義不大，因此很多技術分析者都將其忽視，不過如果股價由低檔往上走高時，若出現連續 5 至 7 根小陽線時，那麼未來股價的走勢應該是偏向樂觀。

這 5 至 7 根陽線應以小陽線為主，期間可以夾雜一、兩根中陽線，但不可全部為中陽線或大陽線，因為如果全部為連續中陽線或大陽線，個股此時的漲勢應該屬於接近後期的快速拉升期。因此我們可以得到一個結論，連續的小陽線拉升是屬於行情將發動的助漲訊號，而連續的中長陽線的拉升是屬於趕漲快速到頂的訊號，兩者意義相差很大。

圖 3-2-24　連續出現 5 至 7 根陽線呈樂觀的現象

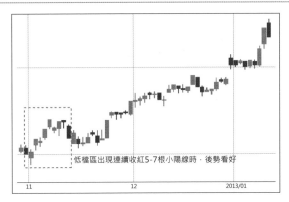

低檔區出現連續收紅5-7根小陽線時，後勢看好

11　　　　　　12　　　　2013/01

資料來源：康和 e 閃電

8 大陰線的操作判斷：

　　大陰線是 K 線中股價下最明顯的訊號，因此如果它的實體很長，更是代表空頭強烈攻擊的意味。由於台股有漲跌停板制度，因此最大的陰線實體可達開盤價的 14%，也就是以漲停開出以跌停作收。而大陰線下跌的力量及強度大小，與其實體長短成正比。

　　大陰線雖然代表著空頭強烈攻擊信念。但並非它出現後股價未來走勢就一定會走跌，主要還是要看它出現的相對位置而論。

　　對於買進股票的投資者來說，大陰線的出現是一種不祥徵兆，它的出現代表著行情將由多轉空，如果個股剛開始下跌就出現大陰線，那麼這根大陰線就有助跌作用，此時下跌趨勢就更明朗化。如果跌勢已經有一段時間而出現大陰線時，可能是空方加速打壓行情，股價將很快見底回升，投資者可以準備擇低進場布局。

1. 大陰線出現在跌勢初期：
此種情況代表股價下跌趨勢剛形成，後勢將持續走低看跌。

2. 大陰線出現在跌勢中途：
股價在下跌一段時間後，會在一定的區間形成震盪盤整走勢，這時的

CH.03　股價反轉的識別工具（一）：K 線的基本知識

102
—
103

股價尚未完全反應股票的利空，因此在盤整末期如出現一根大陰線摜破盤整區域的最低點時，股價將繼續滑落走低。因此這根在下跌中突然出現的大陰線就具有助跌的作用，此時股價還有得跌，千萬不可隨意進場買進。

圖 3-2-25　大陰線出現在跌勢初期

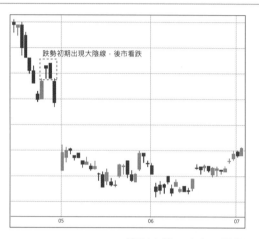

資料來源：康和 e 閃電

圖 3-2-26　大陰線出現在跌勢中途

資料來源：康和 e 閃電

3. 大陰線出現在漲勢末期：

如果在漲勢末期見到大陰線時，這代表主力或法人在高檔大量出貨，但散戶卻持續買進，最終仍不敵龐大賣壓而收黑，後勢將出現開始下跌的行情，對買方相當不利，而通常在高檔出現帶量的大陰線時，絕大部分也是頭部型態的完成。

圖 3-2-27 大陰線出現在漲勢末期

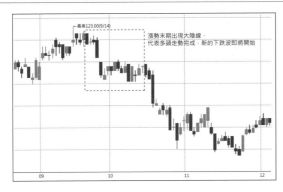

資料來源：康和 e 閃電

4. 大陰線出現在跌勢末期：

但股價持續走低至底部時，如果出現大陰線，則不排除行情將進入加速趕底階段。如果搭配成交量進一步萎縮，就更加可以確認底部已經不遠。當然我們不能憑著一根大陰線出現就認定行情將轉空為多，但至少可以不用擔心股價跌跌不休。

放空的投資者也該適當回補股票，而當股價在大陰線所處位置整理完畢後，多頭投資者就可逢低買進，等待新的初升波段。

圖 **3-2-28** 大陰線出現在跌勢末期

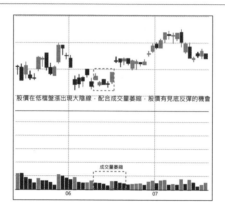

股價在低檔盤漲出現大陰線，配合成交量萎縮，股價有見底反彈的機會

成交量萎縮

資料來源：康和 e 閃電

9 光頭陰線的操作判斷：

　　光頭陰線是指收盤價是當天最低價，沒上影線但帶有下影線的陰線。光頭陰線如在低檔形成，則對股價帶來正面的支持，雖然最後是收黑，但空頭力量卻是持續的減弱中。

　　根據光頭陰線實體與下影線之間的長短不同，可分成下列幾種情況來分析：

1. 光頭陰線實體比下影線長

　　這表示一開盤多頭就被空頭壓著打，雖然低檔有小小的反撲，但最終還是以空方大獲全勝作收。如果是出現在股價低檔區域，代表賣壓仍重，行情可能還是空方控制；如果在高檔區域且實體很長，則不排除多頭行情已接近頂部，隨時可能反轉；如果在下跌中途則有助跌作用。

圖 3-2-29 光頭陰線實體比下影線長

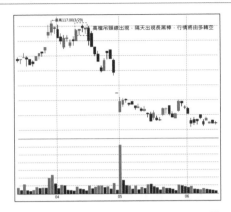

資料來源：康和 e 閃電

2. 光頭陰線實體與下影線一樣長

代表多空實力相差不大，但空方最後還是稍占上風。如果出現在股價高檔區域時，有可能是誘多的行為，雖然股價不見得馬上出現大跌，但有可能在橫盤一陣子後出現回跌走勢。尤其股價如在下影線下的位置游走時，下跌的可能性更高。

如果出現在低檔區域時，代表空方力量已漸漸降低，加上成交量萎縮，多頭開始準備反攻，股價將有機會出現一波反彈走勢。

圖 3-2-30 光頭陰線實體與下影線一樣長

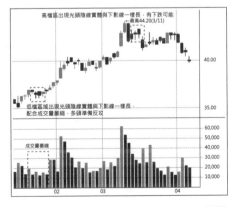

資料來源：康和 e 閃電

CH.03 股價反轉的識別工具（一）：K線的基本知識

3. 光頭陰線實體比下影線短

此種線形在高檔區域被稱為「吊頸線」，在低檔區域被稱為「鎚子線」，代表賣方打壓股價到低點區域，但多頭買氣強勢逢低買進，最後雖然收黑，但多頭氣勢已經形成。如果多頭持續買進，加上在低檔區域時，則不排除行情將由空轉多，帶動一波多頭走勢。

如果是出現在高檔區域時，則不排除是見到頂部高點的訊號。如果伴隨長下影線的十字線出現，那麼股價下跌的時間將會加快進行，最後有可能是連續長黑線出現，最終結束這波多頭走勢。

圖 3-2-31 光頭陰線實體比下影線短

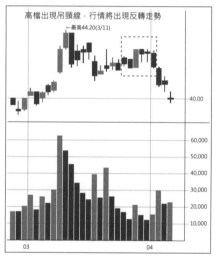

資料來源：康和 e 閃電

10 小陰線的操作判斷：

小陰線出現代表空頭稍占上風，但對行情並無決定性的影響力，未來走勢方向性比較模糊不清。

由於單獨出現的小陽線對 K 線的技術分析意義不大，因此很多技術分析者都將其忽視。但如果連續出現多根小陰線，則有助跌的功用。

圖 3-2-32　小陰線出現在上漲中途

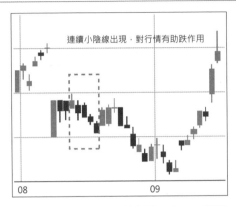

連續小陰線出現，對行情有助跌作用

08　　　　　　09

資料來源：康和 e 閃電

11 十字線的操作判斷：

　　十字線也有人稱之為十字星，由於酷似基督教墓碑形狀，因此也有人稱之為墓碑線。雖然十字線開收盤都同一價位，但部分開收盤差距很小的十字線，也被視為是十字線的另一種型態。十字線反映出股價處於一種「平衡狀態」，因為股價有拉升、也有回落，但最後收盤再度回到開盤位置，多空雙方誰也沒占到優勢。

　　當在高檔出現十字線，代表漲勢即將結束；在低檔則有跌勢將止的作用，但並不一定是絕對的，有時只是行情休息盤整並非結束。投資者應視當時行情處於高低檔或市場熱絡度而加以判斷。

1.　十字線如果出現上下影線較短的情況時，代表多空雙方都趨於謹慎。如果在上漲過程中出現上下影線較短的十字線，代表主力洗盤，待洗盤完畢後，股價還是有繼續上揚的可能。如果下跌過程中出現上下影線較短的十字線，那麼只能視為股價跌到一半的小調整，後勢繼續下跌可能性很高。

CH.03 股價反轉的識別工具（一）：K線的基本知識

圖 3-2-33 十字線出現上下影線較短時

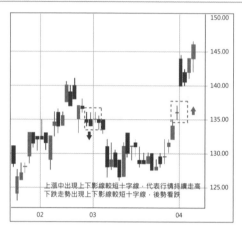

上漲中出現上下影線較短十字線，代表行情持續走高
下跌走勢出現上下影線較短十字線，後勢看跌

資料來源：康和 e 閃電

2. 十字線如果出現上下影線較長情況時，這種十字線被稱為長十字線或長十字星，與一般的十字線最大區分，是在於長十字線具有明顯的反轉訊號提示作用。如果股價已上升一段時間後出現長十字線，那麼股價將有接近頂點的可能；相反的，如在低檔區見到長十字線，那麼股價將有接近底部的可能。

圖 3-2-34 十字線出現上下影線較長時

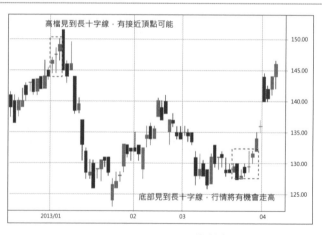

高檔見到長十字線，有接近頂點可能

底部見到長十字線，行情將有機會走高

資料來源：康和 e 閃電

3. 股價處於上升**趨勢**中，出現長下影線的十字線，代表股價持續走揚的方向不變。如果是在股價下跌一段時間後，於低檔區出現長下影線的十字線，代表空方勢力將盡，行情隨時有反轉向上的可能；但如在漲勢末期高檔區出現，則有誘多的可能。

圖 3-2-35　股價趨勢向上，出現長下影線十字線

資料來源：康和 e 閃電

4. 下跌過程中出現長下影線的十字線，如果隔天繼續走低並創新低，這代表股價將會有較大跌勢出現，因為長下影線的十字線是空方試探下方區域的支撐，再次下跌是對下降**趨勢**的確認，這樣股票不能隨意介入。

圖 3-2-36　十字線出現在上漲中途

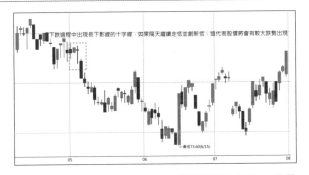

資料來源：康和 e 閃電

5. 股價在下跌過程中，如果出現長上影線十字線，代表空頭暫時休整，但下降*趨勢*未變。這種 K 線的形成大多是主力開盤就往上拉升，吸引散戶大批跟隨，但收盤時反而一路殺低，收低套牢散戶，而這些被套牢的散戶不耐久套而認賠殺出，進而促使股價繼續探底走跌。

圖 3-2-37 股價未跌，出現長上影線十字線

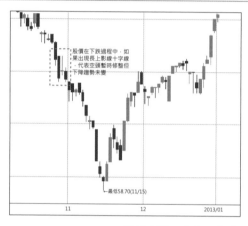

股價在下跌過程中，如果出現長上影線十字線，代表空頭暫時修整但下降趨勢未變

←最低58.70(11/15)

11　　　　12　　　　2013/01

資料來源：康和 e 閃電

6. 在上漲的走勢中出現長上影線十字線，次日股價繼續創新高走高，這代表股價將會繼續走高，因為長上影線的十字線是多頭試探上方區域的壓力，隔天走高是對上升*趨勢*的確認，這樣股票可以繼續持有。

圖 3-2-38　上漲走勢出現長上影線十字線

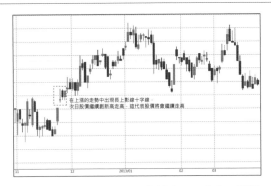

在上漲的走勢中出現長上影線十字線，
次日股價繼續創新高走高，這代表股價將會繼續走高

資料來源：康和 e 閃電

12 光腳上影陰線的操作判斷：

　　光腳上影陰線是指帶上影線而無下影線的陰線實體，光腳上影陰線實體可大可小，像倒鎚子陰線雖然實體很小，但基本上也是屬於光腳上影陰線的一種。

圖 3-2-39　光腳上影陰線

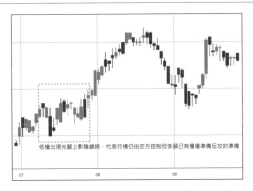

低檔出現光腳上影陰線時，代表行情仍由空方控制但多頭已有慢慢準備反攻的準備

資料來源：康和 e 閃電

　　在低檔出現光腳上影陰線時，代表行情仍由空方控制，但多頭已有慢慢準備反攻的準備。如在高檔區域出現，代表多頭上攻力道不足，空頭做空能量持續增強中，並占有優勢行情可能很快出現反轉。因此投資者如果在高檔見到光腳上影陰線時，應該謹慎注意行情變化。

13 一字線的操作判斷：

　　一字線即 K 線是一根橫直線，沒上下影線開盤價就是收盤價。會出現一字線主要是股票突然發布利空或利多的訊息，造成出現漲跌停板。如果一字線出現在上漲或下跌初期，則不排除後續還會繼續出現漲跌停板；如果是在上漲或下跌末期，則不排除是股票正加速進行趕頂或趕底的動作，一切視消息面對股價的影響有多大。

　　一字線代表股價的極強或極弱勢，未來是否繼續出現一字線，除消息面的影響外，投資者可以由成交量加以判斷。如果是無量漲跌停板一字線，那麼後勢繼續漲跌停的機率相當大；如果出現一字線時成交量不斷放大，則後勢出現一字線機率就會減少。

　　一字線的圖形有時會帶有一點點的上影線或下影線，一般是在漲跌停板後短暫打開後又被封起所造成，這樣的 K 線也被稱為一字線。如果在多根漲跌停板後出現這種有小小上影線或下影線的一字線時，不排除漲跌停板將被打開。

圖 3-2-40 出現一字線代表股價極強或極弱

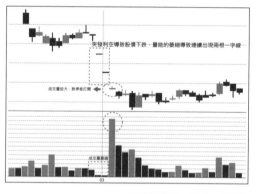

資料來源：康和 e 閃電

14 鎚子線的操作判斷：

鎚子線的實體很小，上影線很短，甚至沒有，有很長的下影線，其長度比實體長約2至3倍。鎚子線實體陰陽並不重要，並不影響整體的判斷。

鎚子線通常是在下跌段末期出現，如果股價出現鎚子線之後的走勢，不再跌破這支鎚子線的最低價時，那麼就會被視為股價見底的訊號。而如果鎚子線的實體與上一根K線之間形成跳空缺口，那麼反轉型態就越明顯。

鎚子線在底部出現時，應伴隨成交量的放大，才是比較可靠的反轉訊號。如果沒有量能的配合，那麼就可能只是小反彈或下跌中的小調整，一旦股價跌破鎚子線的最低價時，短多應該停損出場。

圖 3-2-41 鎚子線實體很小

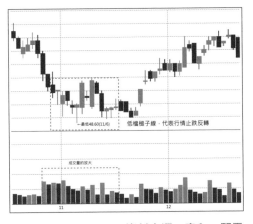

資料來源：康和 e 閃電

15 吊頸線的操作判斷：

吊頸線與鎚子線是相同的 K 線判斷，只是鎚子線出現在股價底部，而吊頸線則是在股價處於上升末期的頂部附近。兩者都被視為是反轉訊號，只是鎚子線是由空轉多，而吊頸線是由多轉空。

高檔出現吊頸線後，隔天或隔幾天後股價如果出現長黑量大的 K 線，則代表上升趨勢結束，新的下降走勢開始。這根長黑 K 線的實體越大，新一輪跌勢的開始機率就越高。

如果高檔出現的吊頸線出現巨量成交量，那麼股價出現當日反轉的機會越大；如果是量能萎縮，則要等下一個交易日的股價走勢反應而定。有時投資者認定的高檔，只是主力操作時的中間位置，這時候出現吊頸線只是為了洗盤作用。因此如果吊頸線出現時沒什麼量，隔天的 K 線也不是長黑巨量時，那就可以繼續持有，等待新的行情拉升。

圖 3-2-42 吊頸線出現於股價上升末段的頂部

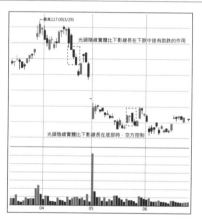

資料來源：康和 e 閃電

16 倒鎚子線的操作判斷：

倒鎚子線的實體很小，下影線很短，甚至沒有，但有很長的上影線，其長度比實體長約 2 至 3 倍。倒鎚子線實體陰陽並不重要，並不影響整體的判斷。

倒鎚子線表示多空操作趨於謹慎，但空頭占有優勢，如果出現在股價下跌的末期，則有看漲的準備。出現倒鎚子線後的隔天或隔幾天，如果出現收紅走高並帶大量的陽線 K 線時，這種反轉的訊息就更強烈一點。

倒鎚子線是底部反轉訊號的提示，因此出現在底部區域的倒鎚子線才有參考意義。然而出現倒鎚子線時，行情並不見得馬上就會反轉，有時投資者需耐心等待。

圖 3-2-43 倒鎚子線表示多空操作趨向謹慎

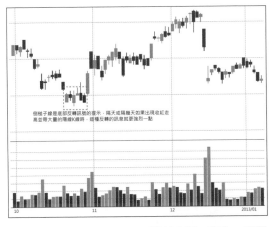

倒鎚子線是底部反轉訊號的提示，隔天或隔幾天如果出現收紅走高並帶大量的陽線K線時，這種反轉的訊息就更強烈一點

資料來源：康和 e 閃電

17 射擊之星的操作判斷：

射擊之星又稱為「倒轉鎚頭」，其形仿如槍的準頭，因此有此稱謂。射擊之星可以是陰線或陽線，但實體比較短小上影線較長。其位置主要出現在股價的頂部區域，是一種十分明顯的見頂訊號。這一型態的形成是開盤價比較低，但多頭攻擊力量不足，尾盤又回落至開盤價附近，只留下長的上影線及小的 K 線實體。而射擊之星因為光芒短暫，又被稱為「流星」。

射擊之星的 K 線型態與倒鎚子線的 K 線型態完全相同，只是所處位置不同，叫法不同而已。倒鎚子線是出現在下跌的末期，而射擊之星則是處於上漲的末期。射擊之星上影線的長度至少是實體長度的兩倍，下影線短到可以認為不存在，因此相當好判別。

當高檔出現射擊之星時，股價雖不會馬上下挫，但卻無力再創新高，如果隔天或是未來的股價走勢有逐漸下滑的現象產生時，那麼反轉訊號就更明顯。

射擊之星本身如創近期天量，或是出現之前的一根 K 線有創近期天量，也算是一種反轉訊息。射擊之星是頂部反轉訊號的提示，因此出現在頂部區域的射擊之星才有參考意義。如果是出現在上漲中途的盤整區域，則不排除是主力誘空洗盤，投資者只有綜合判斷前後 K 線及成交量變化，才可明白是誘空還是反轉。

圖 3-2-44　射擊之星處於上漲的末期

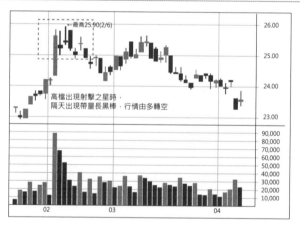

資料來源：康和 e 閃電

18 T字線的操作判斷：

　　T字線是指開收盤都在同一個價位區，無上影線卻有長下影線的K線型態。T字線對股價未來走向的強弱顯示訊息，與下影線長短有著密切的關係。下影線越長代表的意義就越值得重視，下影線越短就越無參考意義。

圖 3-2-45　T字線是開收盤在同一價位區

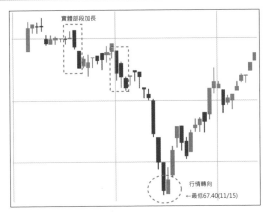

資料來源：康和 e 閃電

　　當股價經歷大幅上漲後，在高檔區域出現T字線時，這時股價將有接近頂點的可能。因為這個T字線的形成是代表主力不斷賣出股票壓低股價，但又怕散戶恐慌跟賣，因此臨收盤時就刻意作價收高，以麻痺散戶的判斷，直到手中股票完全拋售完畢為止，因此高檔的T字線是接近頂部風險加大的訊號。

　　股價在上漲初期出現T字線，通常代表主力洗盤動作，經由盤中的持續壓低賣出，讓持股信心不足投資人拋出手中股票，尾盤再大幅拉升，主力這樣的作法不但可以買到便宜低價的股票，也會吸引散戶的追高買進，一舉數得。

圖 3-2-46　股價在上漲初期的 T 字線常代表主力洗盤

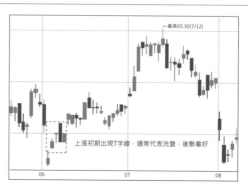

資料來源：康和 e 閃電

　　股價如果在連續漲停板後出現 T 字線時，這有可能是主力出貨的一種伎倆手法。由於打開漲停往下賣出時會吸引很多散戶搶買，尾盤再拉高收漲停時，隔天搶買的散戶一定更多，此時主力就可以很輕鬆的高價大筆賣出持股，散戶就被套牢在高檔。投資者在遇到實際的操作中，可以觀察 T 字線的量能變化。如果是量縮收漲停，那麼後勢還是看多；如果是大量收漲停，就要提高警覺。

　　當股價經歷大幅下跌後，在低檔區域出現 T 字線時，這時股價將有接近底部的可能，主要是經歷連續的下跌，散戶已經心慌意亂。當開盤後股價繼續走低，甚至打到跌停時，很多停損殺低的股票就會源源不絕的湧出，主力就會大力買進並拉高股價，隔天繼續拉升股價，吸引散戶的追價。

圖 3-2-47　低檔區域出現 T 字線，股價接近底部，後勢看好

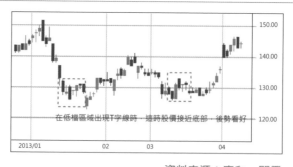

資料來源：康和 e 閃電

19 倒 T 字線的操作判斷：

倒 T 字線是指開收盤都同在一個價位區，無下影線卻有長上影線的 K 線型態。倒 T 字線出現，代表多頭雖然還在市場勉強拉升，但力量不足，空頭將慢慢主導市場走勢，股價將由多轉空。倒 T 字線的上影線越長，力量越大，**趨勢轉折**的訊號也越可靠。

倒 T 字線出現在上漲**趨勢**中途，股價將出現下跌壓力，但不一定是**趨勢**的轉變，如果隔日股價再出現放量走強時，那麼這個股價的壓回只是多頭的回檔整理而已。尤其是多頭上漲**趨勢**剛形成或是股價緩慢上漲時，倒 T 字線的出現反而是洗盤動作而已。

圖 3-2-48 倒 T 字線出現代表多頭在市場拉升卻力量不足

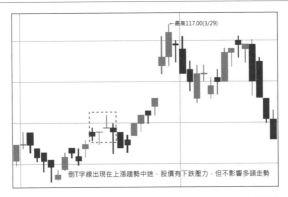

資料來源：康和 e 閃電

倒 T 字線如出現在高檔區域，如隔日出現大量長黑棒，那麼將有可能是股價見頂的訊號，這樣的倒 T 字線也被稱為「轉勢線」，多頭應該趕快賣出。如果股價在大幅下跌後出現倒 T 字線時，特別是短線殺盤很深的情況下，倒 T 字線出現是比較明顯的止跌訊號，表明多頭已經慢慢在測試空頭力量。

如果市場投資者慢慢認同股價超跌過深，那麼股價就有機會止跌回升。不過如果下跌**趨勢**還未被滿足的情況下，那麼股價在反彈後將有可能繼續下殺。

圖 3-2-49 倒 T 字線出現在高檔可能是股價見頂的訊號

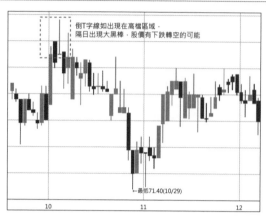

資料來源：康和 e 閃電

20 螺旋槳線的操作判斷：

　　螺旋槳線的線型是開收盤價位很接近，也就是 K 線實體很小，但最高價與最低價差距很大，因此上下影線都相當地長。螺旋槳線出現陰線陽線都不影響判斷，但是在高低檔區判斷股價是否接近高低點時，就有參考價值。

　　股價在漲勢末期出現螺旋槳線時，代表高點已經接近，行情有可能由多轉空，尤其是高檔出現陰線的螺旋槳線更明顯。但螺旋槳線不代表行情將馬上轉折，它只是有領跌的效應出現。因此如果高檔出現螺旋槳線，而再來的股價走勢都在其下影線之下，那麼投資者就可依此判定股價頂部已經形成，可做適時反應。

圖 3-2-50 螺旋槳線在高低檔區判斷接近高低點具參考價值

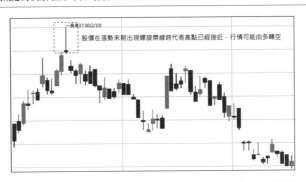

資料來源：康和 e 閃電

　　股價在跌勢末期出現螺旋槳線時，代表低點已經接近，行情有可能由空轉多，尤其是低檔出現陽線的螺旋槳線更明顯，但螺旋槳線不代表行情將馬上轉折，它只是有領漲的效應出現。因此如果低檔出現螺旋槳線，而再來的股價走勢都在其上影線之上，那麼投資者就可依此判定股價底部已經形成，可做適時反應。

圖 3-2-51 股價在跌勢末期出現螺旋槳線代表低點接近

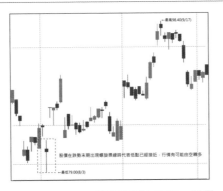

資料來源：康和 e 閃電

Chapter 04

股價反轉的識別工具（二）：
K 線進階操作及組合判別

　　前面的章節讓讀者了解什麼是 K 線，對各種 K 線的圖形及技術型態有大致的了解。從本章開始，我們將由單根 K 線擴展到組合及實戰中，繼續解開 K 線的深層密碼，讓讀者可以將理論實際應用在股市的操作上。

K線的組合形態

多方炮	金針探底	蒼龍出海	刺穿線

	多方炮	金針探底	蒼龍出海	刺穿線
底部區域	看漲	看漲	看漲	看漲
上漲途中	看漲		看漲	
頂部區域	偏多	誘多或盤整	破頂或誘多	誘多
下跌途中	跌深反彈		跌勢結束	

紅三兵	三川線	梳子底線	塔形底

	紅三兵	三川線	梳子底線	塔形底
底部區域	看漲	看漲	看漲	看漲
上漲途中	看漲	看漲		
頂部區域	看跌	看跌	盤整或震盪	看跌
下跌途中	看跌	看跌		

空方炮	斷頭鍘刀	見頂三黑兵	三隻烏鴉

	空方炮	斷頭鍘刀	見頂三黑兵	三隻烏鴉
底部區域	加速趕底	破底或誘空		加速趕底
上漲途中	漲多調整	漲勢結束		漲勢受挫
頂部區域	看跌	看跌	看跌	看跌
下跌途中	看跌	看跌		看跌

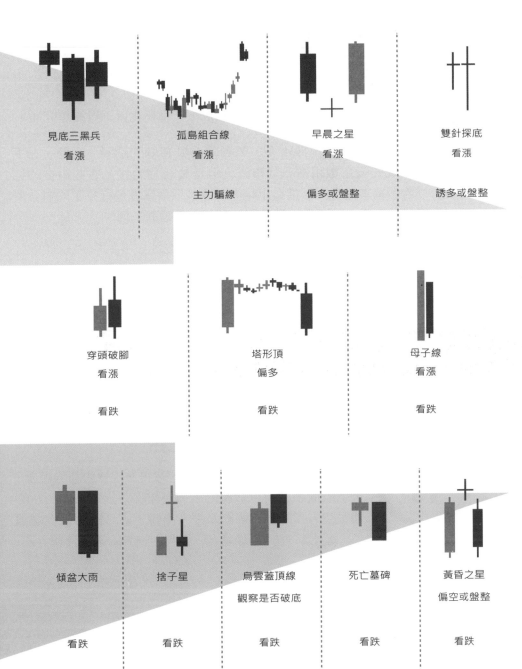

見底三黑兵　　　　孤島組合線　　　　早晨之星　　　　雙針探底

看漲　　　　　　　看漲　　　　　　　看漲　　　　　　看漲

　　　　　　　　　主力騙線　　　　偏多或盤整　　　誘多或盤整

穿頭破腳　　　　　　塔形頂　　　　　　母子線

看漲　　　　　　　　偏多　　　　　　　看漲

看跌　　　　　　　　看跌　　　　　　　看跌

傾盆大雨　　　捨子星　　　烏雲蓋頂線　　死亡墓碑　　黃昏之星

　　　　　　　　　　　觀察是否破底　　　　　　　偏空或盤整

看跌　　　　看跌　　　　看跌　　　　看跌　　　　看跌

4-1 雙 K 線組合
基本原理

K 線的組合千變萬化，不過如果了解以下 7 種變化就不難觸類旁通！

　　兩根 K 線的組合情況非常多，要考慮兩根 K 線的陰陽、高低、上下影線，其組成的組合數相當多且複雜。但是 K 線組合中，有些組合的意義是可以透過基本組合圖形推敲出來的。我們只需掌握幾種特定的組合型態，然後舉一反三，就可得知其它組合所代表的意義為何。

7 種雙 K 線組合基本型態

1. 壓倒性勝利組合：

　　這是多空雙方的一方，已經取得決定性勝利的組合，未來股價趨勢將以取勝的一方為主要行進的方向。左側圖是空方獲勝，右側圖是多方獲勝。第二根 K 線實體越長，超出前一根 K 線越多，則勝利一方的優勢就越大。

股市狙擊手的高勝率 SOP

2. 反轉訊號的組合：

　　在出現一根大陰線之後又再產生另一根陰線，這代表空頭全面開始進攻。如果出現在高檔區域，則代表股價將由漲勢轉變為下跌的開始，若在長期下跌行情的末段出現，則說明這是加速趕底走勢，行情將出現反轉。要是第二根陰線的下影線越長，則多方反攻的訊號就越強勁。

　　下圖正好與上圖相反，如果在長期上漲行情的末段出現，代表股價正進行加速趕頂，有反轉向下的可能，如在底部出現，則是行情由空轉多的開始。

3. 相包的組合：

　　第二根的陽線實體完全被第一根包住。說明多方力量有限，股價向下的可能性大。

　　下圖雖然是兩根陰線組合，但反而是對多頭有利，當出現這種組合時，多頭將出現轉機，股價可能將向上反彈。

4. 跳空及低檔長下影線的組合：

　　一根陽線加上一根跳空的陰線，代表空方力量正在增強。若出現在高檔區域，表示股價走高會有較大阻力阻擋；若出現在上漲中途，代表空方的力量不足，多頭將繼續掌控行情。

　　下圖顯示多方在低檔區域取得了優勢，改變了前一天的空方掌控的局面。未來的走勢還是要視組合 K 線是在何位置而定。

5. 陰包陽及陽包陰的組合：

　　股價在出現一根陰線後接著再出現小陽線，代表多頭想逢低拉抬，但力量不足，未來空頭將發起新一輪攻勢。

　　下圖跟上圖正好相反，空頭弱勢，多頭強勢，未來多頭將繼續走強。

6. 反轉失敗的組合：

　　股價在一根陽線後，出現一根開高收低的陰線，代表空方試圖壓低股價，但效果不大，多頭沒有受影響，未來隨時可以發動反攻。

　　下圖與上圖剛好相反，多頭想往上拉但效果不大，空頭還是會往下摜壓股價。

7. 完全掌控的組合：

　　一根陽線被一根陰線吞沒，代表行情已被空方完全掌控，多方完全潰敗，未來走勢偏空看待。

　　下圖與上圖正好相反，是多方掌握整個局面，空方即將潰逃，未來走勢偏多看待。

27 種不可不知的 K 線組合

特定型態的 K 線組合具有特別的意義，以下是 27 種特別顯著的組合模式，當你看到它，最好張大眼睛。

兩根 K 線的組合情況非常多，要考慮兩根 K 線的陰陽、高低、上下影線，其組成的組合數相當多且複雜。但是 K 線組合中，有些組合的意義是可以透過基本組合圖形推敲出來的。我們只需掌握幾種特定的組合型態，然後舉一反三，就可得知其它組合所代表的意義為何。

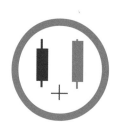

1. 早晨之星：

從字面上的意義可以看出，早晨之星意味著剛剛由黑夜轉至黎明，這個組合的出現意謂著股價將由空轉多，如果是出現在大跌之後，那麼底部訊號就更加明朗。

特徵：

股價在下跌的過程中出現了一根中、大陰線，接著第二天出現一根低開的小陽線（也可以是小陰線），隨後股價轉跌為升，收了一根中、大陽線。

我們可以分解一下這三根 K 線，第一根大黑棒是股價經過不斷下跌走低後出現，顯示空頭力量的盡情釋放多頭無力抵擋，第二根十字線顯示空頭力量的衰竭，股價即將見底回升，第三根的大陽棒則是印證十字線見底的預示，因此投資者就會出現逢低買進的行為而推升股價走高。

圖 4-2-1 底部出現早晨之星後勢看漲

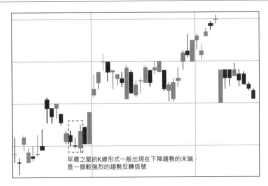

早晨之星的K線形式一般出現在下降趨勢的末端，
是一個較強烈的趨勢反轉信號

資料來源：康和 e 閃電

操作祕技：

　　標準的早晨之星是由大陰線及大陽線和十字線所組成，但投資者在操作判斷上往往很難發現完全符合的線型，這就是該組合線型的變異性，尤其是大陰線和大陽線的長短差異上更是容易看得出差異，當然其傳達出的訊息及股價的強弱也有所不同。

　　當陽線實體大於陰線實體時，表示多頭力量大於空頭力量，早晨之星見底的訊號會更明確。若陽線實體小於陰線實體時，那麼股價由低反彈的力道會比較弱，甚至有些會繼續下跌，特別是股價未大幅下跌前，出現的早晨之星更容易發生，因此投資者應特別注意此現象發生。

圖 4-2-2 頂部出現早晨之星有誘多可能

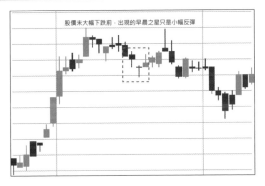

股價未大幅下跌前，出現的早晨之星只是小幅反彈

資料來源：康和 e 閃電

2. 黃昏之星：

從字面上的意義可以看出，黃昏之星意味著白天即將結束，黃昏來臨後接著就是黑夜漫漫。這個組合的出現意謂著股價將接近高檔頂部區域，沒多久就會由漲轉跌，投資者最好逢高賣出。即便股價短期走勢還是很強勁，但仍舊要很小心謹慎，因為「夕陽無限好，只是近黃昏」，美景很短暫，所以天黑得很快。

特徵：

黃昏之星是與早晨之星相對應的一組 K 線組合，這種組合同樣是 3 根 K 線組成，只是順序顛倒，由左至右分別為大陽線、十字線及大陰線。

我們可以分解一下這 3 根 K 線，第一根大紅棒是股價經過不斷走高後，市場極度樂觀的追高買進。第二根是投資者繼續追高，但行情上下震盪後收在開盤價，此時買進的投資者會很疑惑。第三根大陰線是股價突然下跌而出現恐慌性的拋售所造成，經過這根大陰線洗禮後，追高買進的投資者會從樂觀轉成悲觀，造成股價在不斷的拋售壓力下越走越低，最後結束多頭走勢。

黃昏之星的情況同早晨之星正好相反，它是較強烈的上升趨勢中出現反轉的訊號。黃昏之星的 K 線組合型態，假如出現在上升趨勢中，投資者應小心注意，因為此時趨勢已發出比較明確的反轉訊號或中短期的回檔訊號。同時如能結合成交量的判斷，對於提高準確性會有更好的幫助。

操作祕技：

在實際操作的過程中，第二根 K 線可能會出現一些變異性，它有可能是稍帶點很小實體的上下影線之 K 線。

這根 K 線是小紅或小黑實體對整體判斷沒多大差別，對下跌的力道有點影響。如果是跳高開出形成缺口的十字線，顯示市場追價的力道強勁，充分的釋放多頭的力量，這時就要小心樂極生悲喔！

同樣的左右兩根 K 線實體大小差距，也會造成最後結果不一樣。如果左邊陽線實體很長，右邊陰線實體很短，且股價未有大幅上漲，這樣的 K 線往往是主力洗盤的手法之一。如果我們觀察陽線與陰線之間的成交量大小就能得到答案。如果陰線實體較小且成交量也小，其收盤價也與第一根陽線收盤價相近，那麼這可能是主力的洗盤動作，投資者不必驚慌而提前賣出。

如果第三根陰線跳空開出形成跳空缺口，並且吃掉第一根陽線實體越多，股價見到高點反轉的訊號就越明確。

圖 4-2-3　頂部出現黃昏之星後勢看跌

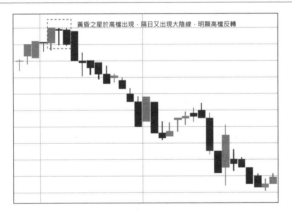

黃昏之星於高檔出現，隔日又出現大陰線，明顯高檔反轉

資料來源：康和 e 閃電

3. 仙人指路：

當股價處於上漲初期、上漲中途或是中期底部區域時，突然有一天股價出現開高走高並伴隨大量推升，但當股價到達一定的高點後卻遭到主力的打壓，使得股價回跌，最後以一根帶長上影線的小陽或小陰線作收，此

種線型稱之為「仙人指路」。

實戰中的仙人指路一般在股價拉升中運用，其安全性和可操作性較強。仙人指路K線型態的出現，一般是多頭主力在股價的高價區換檔，以提高短期成本。因此其運用的條件是特定的，並不是所有的帶上影線的小陽或小陰線都是仙人指路。在操作中，仙人指路是最佳追強勢股及上漲股的線型參考。

特徵：

1. 仙人指路是發生在上漲初期、上漲中途或是中期底部區域。

2. 產生仙人指路當天的全天量比在一倍以上、換手率在5%以內、上下震幅在7%以上，股價當天仍然保持1%至3%左右的漲跌幅。

3. 上漲的角度出現超過45度，最好是在重要壓力區間。

4. 在出現仙人指路之前，市場的獲利程度不要超過15%，並且有一定時間的橫向震盪。

5. 仙人指路前一天的陽線最好是超過5%以上的大陽線，並伴有近期較大成交量，在之後連續出現放大量的走勢。

6. 仙人指路出現後，接著後面一天必須出現開高走高或開低走高，絕不能出現開高走低的現象，這是決定主力是否開始繼續上攻的重要訊號，也是仙人指路型態能否成功的主要條件。

仙人指路的那根上影線的最高價就像仙人的手指頭，手指頭指到哪裡，以後股價就會漲到哪裡！否則主力就不用試探那個手指頭的價位了。既然試探到哪個價位區，洗盤的動作也做得很徹底，那麼股價漲到哪裡就很天經地義。

仙人指路發生在上漲初期，代表主力展開向上攻擊前的試盤動作，主要是測試盤面籌碼穩定度和上攻阻力的大小。通常出現仙人指路之後股價會小幅的拉回，但都還是在其K線的實體之上，在適度的整理之後，股價將持續走揚。

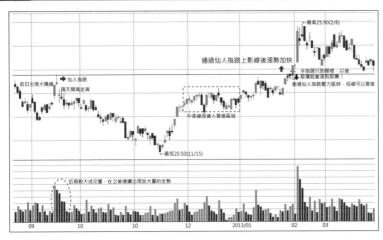

資料來源：康和 e 閃電

　　仙人指路發生在上漲中途，代表主力展開強勢的洗盤動作，通常是在
盤中以拉到接近漲停板時，再用力摜壓至昨日收盤價之下，並且在各個價
位掛出大量的賣單嚇阻買盤進入，最後收盤較昨日上漲或下跌 1% 至 3%，
並且帶長上影線。這種拉高洗盤動作屬於主力極強勢的操盤手法，在經歷
這種洗盤後，股價將出現一波更強勁的上漲走勢。

　　仙人指路發生在中期底部區域時，代表主力準備進行新一波拉抬前
的反覆洗盤動作，主要是測試底部賣壓大小及收集籌碼的行為。當測試完
畢，股價就會有波上升走勢出現，不過在發動前，需要比較久的時間來做
準備。

操作祕技：

　　對於短線的投資者來說，當股價處於上漲走勢，並通過仙人指路的壓
力線時，應該在當天收盤前或隔天的交易中進場買進。對於中長線投資者
可於中期底部區域時買進，等到行情處於上漲中途賣出，這樣的獲利就相
當可觀。

CH.04 股價反轉的識別工具（二）：K 線進階操作及組合判別

4. 多方炮：

多方炮顧名思義是指多方準備開炮，一般出現這種線型時，股價後勢上漲的機率極大，是短線介入的好時機。多方炮的組合形成後雖說上漲機率大，但不見得一定會上漲，還要看主力是否會開炮及炮彈會不會響（由成交量判斷），否則多方炮很可能會變成「空包彈」。

特徵：

多方炮通常由 3 根 K 線所組合，第一天出現一根陽線代表行情是屬於上漲的，第二天則小幅拉回整理，第三天則繼續走高收紅，形成所謂的「兩陽夾一陰」的 K 線組合（有時也會出現兩陽夾十字線或是兩陽夾 K 線實體極小的陰線或陽線的型態）。不過有時候這種型態會變形成為「三陽夾兩陰」的組合型態，多方炮的標準成交量模式是第三根陽線的量比第一根陽線大，中間的成交量是最小的，兩根陰線成交量明顯大於中間成交量許多。

按 K 線型態、排列方式分類可以將多方炮強弱分成：

1. 標準型態的多方炮：

典型的多方炮型態，三根 K 線的三個頂部是水平的，三個底部也是水平的，在大多數股票類書籍的教學中多用這種型態講解。

2. 弱勢型態的多方炮：

它的 K 線組合是向下排列的 ，股價是一天比一天低，顯示出主力拉抬股價的意願太弱。這種多方炮也可以稱之為「壓低炮口」，即使開炮也打不中目標的。

3. 強勢型態的多方炮：

　　它的 K 線組合是向上排列的，股價一天還比一天高，在技術面上來分析，就是一種以漲代調整的強勢型態，這種組合的多方炮要求中間的陰線實體越短越好，下影線需要長一點。因為下影線越長，代表該股下檔買氣越強，而長下影線就是一種強勢的表現，充分暴露了主力急於拉高的心態。這種多方炮也可以稱之為「抬高炮口」，上漲機率較大。

4. 超級強勢型態的多方炮：

　　它的 K 線組合中的陰線相對較小，可陰可陽，小陽線更顯強勢。第二根小 K 線和第一根陽線之間往往能留下一個跳空缺口，而第三根陽線和第二根小 K 線之間也留有跳空缺口形成。這種型態的多方炮往往出現在多頭行情的初升段或主上升段，多頭後面的走勢還有一大波。遇見這種型態時，投資者應該勇於進場買進。

操作祕技：

1. 多方炮出現股價上漲機會較大。

2. 多方炮出現在漲幅剛形成的時候是最佳介入點。

3. 後一根陽線實體越大越好，如果中間是紅十字線或實體很小的紅十字線，後面漲勢能量將會更強。

4. 後面陽線的成交量超過第一根陽線的成交量，具備了這幾個條件，股價上漲的態勢就比較明確。多方炮一旦形成，其漲幅至少可看到 10% 至 20% 獲利，因此投資者不要微漲就急著拋售，錯失利潤。

很多投資者在上漲的個股走勢中很容易發現多方炮的組合，但是多方

圖 4-2-5 出現多方炮股價上漲機會大

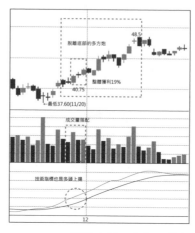

資料來源：康和 e 閃電

圖 4-2-6 多方炮出現後也會有不漲反跌的現象

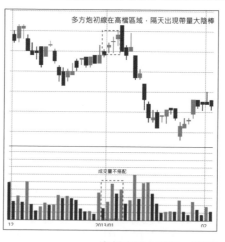

資料來源：康和 e 閃電

炮的形態出現後也會有不漲反跌的時候，尤其股價在高檔頂部區時，更容易發生這種狀況。

由上圖失敗的多方炮，我們可以得到一些操作心得：

1. 多方炮適合在漲勢初期或上漲中途介入，對於處在高檔的多方炮，則帶有相當大的風險性。

2. 兩紅夾一黑的多方炮型態，如果完成型態後的下一根（第四根 K 線）是陽線，且股價繼續往上，那麼多方炮的走勢會更加明顯確立。如果是帶量大陰線，則可能是失敗的型態，投資者應先觀望再說。

3. 如果出現變形的多方炮型態如三陽夾兩陰時，那麼投資者需要觀望的就是第六根 K 線的走勢，而不是第四根。

圖 4-2-7　位於高檔的多方炮風險相當大

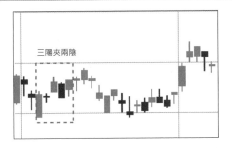

資料來源：康和 e 閃電

5. 空方炮：

空方炮是與多方相對應的 K 線組合，其組合也是由 3 根 K 線組成，股價第一天下跌收陰線，可能是主力壓低股價賣出手中持股。由於長期的上漲使人們逢低就買，第二天買盤湧入收陽線，第三天主力再度逢高賣出，再度收陰線，此時多頭行情結束轉為空頭下跌。

特徵：

空方炮通常由 3 根 K 線所組合，第一天出現一根陰線，代表行情是下跌的，第二天則小幅拉回收紅整理，第三天則繼續摜壓收黑，形成所謂的「兩陰夾一陽」的 K 線組合（有時也會出現兩陰夾十字線或是兩陰夾 K 線實體極小的陰線或陽線型態）。不過有時候這種型態會變形成為「三陰夾兩陽」的組合型態，空方炮的標準成交量模式是第三根陰線的量比第一根陰線大，中間的成交量是最小的。

按 K 線型態、排列方式分類可以將空方炮強弱分成：

1. 標準型態的空方炮：

典型的空方炮型態，3 根 K 線的 3 個頂部是水平的，3 個底部也是水平的，在大多數股票類書籍的教學中多用這種型態講解。

2. 弱勢型態的空方炮：

它的 K 線組合是向上排列的，代表空方的摜壓力道不強，後面仍有高價出現的可能性大增。

3. 強勢型態的空方炮：

3 根 K 線呈下跌**趨勢**，陰線的頂部儘量低，陽線的實體儘量短，第三根陰線帶大量中長黑急殺，此種組合將造成股價快速反轉下挫。在多頭極度的恐慌下，很有可能演變成多殺多的走勢出現。

4. 超級強勢型態的空方炮：

它的 K 線組合中第二根小 K 線和第一根陰線之間往往能留下一個跳空缺口，而第三根陰線和第二根小 K 線之間也留有跳空缺口形成。這種型態的空方炮往往出現在多頭行情轉為空頭行情的初跌段或主下跌段，空頭的走勢還有一大波要走，遇見這種型態時，投資者應該盡速離場避開。

除此之外，空方炮也會出現變形狀態，有時在形成空方炮之後股價並未下跌，而是又再度收根陽線後再下跌收陰線，此時就是出現「三陰夾兩陽」的組合型態，一般稱之為組合空方炮。組合空方炮較單一的空方炮更具殺傷力，也是屬於強烈的看空訊號。

圖 4-2-8 **空方炮的變形**

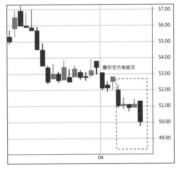

資料來源：康和 e 閃電

多空的轉換往往是在一瞬間，多方炮是看漲的組合。但如果多方炮出現後股價不漲反跌，那麼馬上就會形成一組新的空方炮，有如太極一般陽轉陰，當然相對的，也有可能是空方炮形成後股價不跌反漲，並且形成一組新的多方炮，因此投資者必須從股價相對位置及成交量變化來加以判斷。

多方炮轉變成空方炮容易促使股價變成「多殺多」，相對的，空方炮轉變成多方炮時，股價也有機會快速上漲。

操作祕技：

圖 **4-2-9** 出現空方炮股價下跌機會大

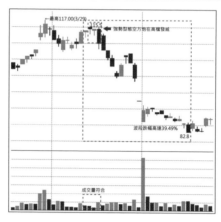

資料來源：康和 e 閃電

1. 空方炮出現股價下跌的機會較大。

2. 空方炮出現在跌幅剛形成的時候是最佳做空點。

3. 空方炮出現在股價大幅上漲後，是接近頂點的訊號，在股價下跌中途出現，則是繼續走跌的訊號。

4. 空方炮第三根陰棒實體越大，成交量越大，看跌的機率就越高。

5. 空方炮一旦形成，其跌幅至少可看到 10% 至 20% 下跌空間，因此投資者不要心存僥倖而讓虧損不斷擴大。

　　我們在前一節多方炮時知道，多方炮的組合就算形成，但主力不拉抬股價也不見得會漲，因此投資者要很仔細地確認多頭是否會發動，而非馬上盲目的進場做多。尤其是在高檔的多方炮更是不可輕信，最多是少賺一次機會而已。但如果出現空方炮組合而錯失賣出機會時，有可能遭受虧損，不賺與虧損兩相比較，當然是選擇不虧損。

因此在操作股票上，空方炮的形成更令投資者加倍注意。做股票絕對不可亂買，因為寧可錯過也不要造成過錯，但也絕對不可以惜賣，因為一旦錯過將釀成大的過錯。尤其是股價在高檔形成的空方炮，那些被誘多進場或是短多買進的投資者，如果來不及停損，那後果可是相當嚴重的。

6. 金針探底：

帶有長下影線的 K 線實體（小陽、小陰、十字線），如果出現在股價的底部區域，我們就稱之為「金針探底」，此種 K 線型態的出現代表著空方力量的衰竭，多頭力量正強烈的反撲，而長下影線代表著股價在下檔有強烈的技術支撐。

如隔天有出現價漲量增的中大陽線，那麼行情有機會由空轉多。如果隔天出現的是量縮的小陽小陰線，那有可能只是跌深後的止跌整理，股價由空轉多還需要一定的時間整理。

圖 4-2-10 金針探底

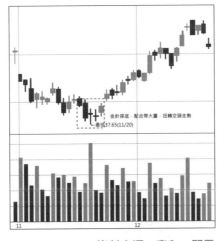

金針探底，配合帶大量，扭轉空頭走勢
最低37.65(11/20)

資料來源：康和 e 閃電

7. 海底月：

　　海底月是由 3 根 K 線組成，股價第一根收中大陰線，第二及第三根收上升型態的小陽線或十字線，成交量則有逐步放大**趨勢**，形狀有如從海底緩緩昇起之一輪彎月。

　　海底月組合型態中，第一根大陰線代表主力刻意打壓股價，在投資者持股信心不足的情況下紛紛賣出股票，但第二及第三根 K 線卻不見大跌，反而成交量持續放大收小陽或十字線，這種情況是主力洗盤後新的上升**趨勢**，將重新掌控多頭行情。

　　海底月組合型態出現在上漲**趨勢**的中途，代表主力正在進行洗盤動作，部分持股信心不足的投資者將會提早賣出持股，在散戶賣完後再度拉抬股價走高，因此投資者在上漲走勢中遇見這種 K 線組合時，可以觀望一下再做動作。

　　海底月組合型態出現在股價大跌之後，代表股價加速趕底之後出現相當大的買盤支撐，但並不會很快地出現反彈走勢，等到更多的投資者耐不住而急於低價殺出後，股價才會有見底反彈的走勢出現，因此底部的海底月型態可以視之為反轉訊號。

圖 4-2-11 海底月在底部是反轉訊號

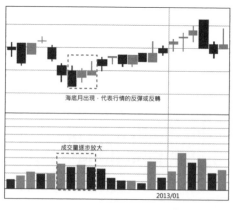

海底月出現，代表行情的反彈或反轉

成交量逐步放大

2013/01

資料來源：康和 e 閃電

操作祕技：

1. 海底月組合型態 K 線成交量是逐步增加。

2. 海底月組合型態可以配合移動平均線做綜合判斷。如果移動平均線呈現黃金交叉，那麼股價反彈的態勢就更明朗。

3. 海底月組合型態在底部是止跌反轉訊號，若在股價急殺過後出現，看漲的機率就相當高。

4. 海底月組合型態出現在高檔頂部區域，有誘空或高檔反轉的可能。

8. 紅三兵：

紅三兵是由 3 根連續中陽 K 線所組合，並配合成交量逐步放大，故稱為「紅三兵」組合型態。由 3 根連續中陽線擠在一起，顯示多頭採取步步為營、穩紮穩打的方式推高股價走揚。由於價漲量增的推動下，越來越多的投資者不斷加入多頭行列，從而確立股價多頭的格局。

特徵：

1、每天的收盤價高於前一日的收盤價，並且成交量逐步放大。

2、每天的開盤價在前一日陽線的實體之內；並且較前一日開盤價高。

3、每天的收盤價在當日的最高點或接近最高點，而且 K 線實體比前一根大。

按 K 線型態、排列方式分類可以將紅三兵強弱分成：

1. 小兵變將軍（部分投資書籍稱做三武士）

　　3 根陽線每天都以最高價作收，這樣的陽線組合顯示多頭完全主導整個上升的走勢行情，通常這種轉變一般都出現在股價震盪換手後，多頭正式拉抬的主升段走勢，未來的股價還有很大一波上漲走勢出現。

　　這樣的紅三兵就變成紅三將軍，通常紅三將軍的第三根實體會比前兩根來得更大，成交量也更大一點。

2. 紅三兵出現小逃兵

　　紅三兵的觀察重點幾乎都是在第三根陽線的實體大小及變化，因此如果第三根陽線實體突然變得很小，那麼顯示多頭的拉抬股價已經有力不從心的感覺，未來行情有可能出現轉折或回檔修正的可能。但多頭走勢或許還會延續一下才出現跌勢，所以第三根陽線就被視為紅三兵的小逃兵。

3. 紅三兵出現叛變之兵

　　紅三兵出現叛變之兵是指第三根 K 線拉出長的上影線，這代表多頭勉強拉出第三根陽線，但最後還是不敵空頭賣壓打壓而出現長上影線，投資者由多頭轉為看空賣出，最後造成多頭行情的休息或結束，因此第三根陽線就被視為紅三兵的叛變之兵。

4. 紅三兵出現參謀之兵

　　紅三兵出現參謀之兵是指第三根 K 線出現實體很小並帶有長下影線，這代表著市場認為股價走到這個地方，需要點時間考慮未來下一個方向及趨勢。

如果在高檔頂部出現參謀之兵的現象時，股價有可能出現回檔修正，但在新的方向沒出現前，也不至於出現大跌。故當參謀之兵型態出現時，投資者應謹慎從事，靜觀其變，不應貿然追高，待新的方向出現時再做決定。

圖 4-2-12 低檔及高檔的紅三兵

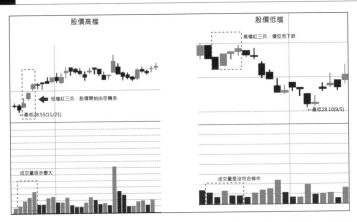

資料來源：康和 e 閃電

操作祕技：

1. 紅三兵 3 根 K 線的成交量是逐步放大的。

2. 紅三兵如果在低檔盤整區及上漲中途出現，是買進的好機會。

3. 紅三兵如果在高檔頂部區及下跌中途出現，恐會出現下跌走勢。

4. 紅三兵如果出現在壓力區，並且有效突破壓力，漲勢會更強勁。

9.三隻烏鴉：

　　3 隻烏鴉是由 3 根 K 線所組合，這 3 根 K 線收盤價都比上一根 K 線來得低，而且都是具有一定長度實體的陰線。3 隻烏鴉是紅三兵的相對應組合型態，在股價接近頂部高檔區域，當出現 3 隻烏鴉的組合型態時，表示股價已經有一段時間處在一個較高的位置了，多頭不耐久盤而股價不

漲，於是出現 3 隻烏鴉呈階梯形逐步下降的走勢。當此組合型態出現時，表明股價後勢將進一步下跌，多頭行情將進一步告終，並轉為空頭走勢。

特徵：

1. 在上升趨勢中連續 3 天出現長陰線。

2. 每根陰線的收盤價低於前一天的最低價。

3. 每天的開盤價在前一天的實體之內。

4. 每天的收盤價等於或接近當天的最低價。

5. 如果配合股價位於高檔頂部區域出現，加上成交量持續出現放大，那麼其組合型態就更為明確。

按 K 線型態、排列方式分類可以將三隻烏鴉強弱分成：

1. 三隻烏鴉變三隻麻雀

　　當 3 隻烏鴉的 K 線實體較小時，就如同只是 3 隻黑色的麻雀，雖說也是下跌訊號，但下跌的強度不如 3 隻烏鴉那麼強，畢竟烏鴉與麻雀體型差別很大。當高檔出現 3 隻麻雀時，股價雖然會下跌，但不一定會轉為空頭走勢，投資者可先退出觀望，待行情明確後再度進場。

2. 三隻烏鴉變三隻黑鷹

　　如果說股價每天都是開高收低的陰線稱為三隻烏鴉，那麼如果出現開低走低，並且 K 線實體相當巨大，顯示空頭氣焰非常囂張的飛禽，那應該是三隻黑鷹。

　　黑鷹出擊對多頭的殺傷力是相當可怕，非傷即亡，如果三隻黑鷹出現在高檔頂部區域，代表市場多頭急於

賣出而造成多殺多的走勢，緊接著引發短多進場的停損賣壓所造成恐慌性賣出，再來是市場悲觀吸引空頭進場追空，因此促使多頭行情結束，轉為空頭行情開始。

圖 4-2-13 三隻烏鴉走勢

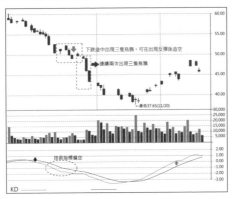

資料來源：康和 e 閃電

如果三隻黑鷹出現在股價大幅下跌過後，或是在接近前次起漲前的底部區域時，那麼不排除是空頭加速趕底的走勢，股價在很快的時間內，將見到底部反彈的機率相當大。

操作祕技：

在股價上漲的過程中，如果出現一、兩根陰線，而且陰線實體不長的話，那麼對股價繼續上揚的影響並不大，但是如果出現一連 3 根較長的陰線，在股價漲幅已大的頂部，那麼就很容易形成頭部。

我們了解股價處於上漲的過程，就是陽線、陰線交錯上揚的過程，一般來說，陽線出現的次數多於陰線，並且陽線的實體比陰線要長，這樣才能維持上揚的趨勢。

當多頭行情達到一定的高點時，股價將在高檔區間震盪，並且在構築頭部後下跌，下跌到一定的低點後，短多買盤隨後進場支撐股價後，展開

一波反彈行情。在反彈接近前期頭部時，股價首先出現放量滯漲的走勢，隨後出現連續下跌的三根陰線，這 3 根陰線就是三隻烏鴉組合型態。

三隻烏鴉出現後，其凌厲的跌勢可能將前幾日的漲幅全部吃掉，股價從三隻烏鴉開始形成一個多空轉折，在三隻烏鴉出現之後，將是空方主導行情的發展了。

如果看見三隻烏鴉型態，一般可以在型態確立之後的拉回建立空單，配合輔助技術指標，可以更明顯地確認下跌走勢，在第三天下跌後出現反彈加以追空，停損可設在重要壓力區之上。

10. 斷頭鍘刀：

斷頭鍘刀是指一根大陰線，將短中長期的移動平均線完全跌破，形成一陰斷三線的「斷頭鍘刀」，這種技術型態大部分出現在股價到達頂部高檔區域或是波段性高點，是一種典型的頂部反轉賣出訊號。

一般來說，個股走勢如果在上漲或盤整時候出現斷頭鍘刀時，這表示上漲的動力停止，並被改變方向，或是投資者不耐久盤而出現殺盤所造成，也有可能是主力先賣出摜壓股價後，逢低再度買進的伎倆。這將造成沒有及時離場的投資者虧損，並且繼續下跌的可能性相對增加，甚至不排除引發一波較大的下跌走勢。

特徵：

1. 當短中長期移動平均線慢慢呈現收斂靠攏時，代表股價在一定的高檔區域已經盤整一段時間，這時候的股價波動變小，短多進場無利可圖。先前買進的投資者對股價表現不耐而心浮氣躁，這時部分的投資者願意用比較低的價格賣出股票，先行獲利了結。

2. 股價跌破短期的均線，但被中期及長期的均線托住，股價走勢越走越低，這時候突然有較大筆的賣壓，用低於 3 條均線的價格大量賣出，當日收盤價跌破短中長期 3 條均線，形成「斷頭鍘刀」。

3. 股價形成斷頭鍘刀造成市場多頭投資者的恐慌，隔天不計價格的殺出，形成多殺多的交易狀態，此時要買進的不敢進場，要賣出的賣不掉，終於誘發一輪更深的跌勢。

圖 4-2-14 斷頭鍘刀表示短期走勢已轉壞

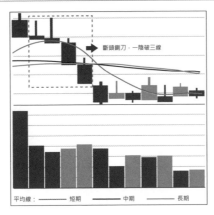

資料來源：康和 e 閃電

　　股票在日線的走勢中遇見斷頭鍘刀，表示短期走勢已經轉壞。如果在週線出現斷頭鍘刀，則表示中長期走勢已經變差，因此投資者不論是短線或中長線遇見週線出現斷頭鍘刀時，請儘快離場，只有越早停損，造成的傷害才會越小。

操作祕技：

　　在操作股票的過程中，如果投資者不小心遇見這種技術圖形時，如果不能確認走勢會就此開始走弱，而沒有及時賣出股票，那麼可以在隔天交易時觀察股價走勢。

　　如果股價是持續走低並且量能不減，那麼短線投資者就該立即出場。中長線投資者遇見此種圖形時，可以先減碼一半，再觀察 60 天及 120 天均線是否也下彎，如果這兩條均線也走壞，那另一半的持股也需要早點停損出場方為上策。

圖 4-2-15 出現斷頭鍘刀應先減碼

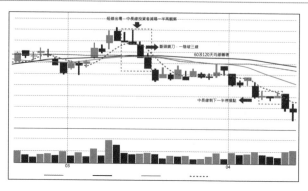

資料來源：康和 e 閃電

11. 蒼龍出海：

　　與斷頭鍘刀相對應的，蒼龍出海是指一根大陽線向上突破短中長期均線，形成一陽破三線的「蒼龍出海」，這種技術型態大部分出現在均線多頭排列初期，當股價在底部或波段底部出現時，多頭行情將就此展開。

　　當股價下跌一段時間後，行情在低檔呈現橫向盤整，這時候短中長期的均線將由空頭排列慢慢轉成為糾結狀態。當股價慢慢站上均線之上時，逢低買進的買盤就會慢慢增加，當多頭大筆買進突破短中長期 3 條線壓力後，股價就會出現一波快速上漲的走勢。

特徵：

1.　當短中長期移動平均線慢慢呈現收斂靠攏時，代表股價在一定的低檔區域已經盤整一段時間，這時候的股價波動變小，短空進場無利可圖，沒停損的賣單也不會再賣出，市場慢慢營造出對多頭有利的氣氛。

2.　股價突破短期的均線，但被中期及長期的均線壓住，股價走勢越

走越高，這時候突然有較大筆的買盤，用高於 3 條均線的價格大量買進，當日收盤價站上短中長期 3 條均線，形成「蒼龍出海」。

3. 隔日較多的多頭投資者進場買進，推升股價走揚，空單不計價位急於回補，由此多頭趨勢漸漸形成。

圖 4-2-16　蒼龍出海

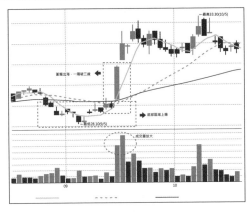

資料來源：康和 e 閃電

操作祕技：

1. 在均線多頭排列初期，並且於底部區域或波段底部區域所形成的蒼龍出海型態，配合成交量逐步放大時，才是行情轉折的訊號。

2. 多頭介入點可以選擇，大陽線出現後，股價回檔修正調整時再進場。

3. 股價回檔修正時應該選擇成交量縮小，並且被均線托住的支撐區買進。

4. 儘量不要在那根突破均線的大陽線買入追漲，因為很容易遇到高檔解套賣壓而套在高點。

5. 如果週線或月線出現蒼龍出海時，那麼未來多頭的漲勢將可延續較長的時間點。

CH.04　股價反轉的識別工具（二）：K線進階操作及組合判別

154
—
155

6.　突破均線的陽線儘量是中陽線或大陽線，因為這樣多頭行情將延續比較久的時間。如果是巨陽線，那麼行情將很快見頂回檔，追高風險相對加大許多。如果是小陽線，則代表行情清淡，根本沒什麼人交易，此訊號可以直接忽視。

12. 母子線（懷孕線）：

母子線是指後面的 K 線實體全部被前面的 K 線實體所包含住，後面的 K 線如同前面 K 線，身體裡懷著的胎兒，因此這種 K 線型態被稱為母子線或懷孕線。

母子線如在股價的高低檔出現時，有時會被視為行情轉折的訊號。因為第二根 K 線實體完全被第一根 K 線實體包住，包括最高價與最低價，因此原有的多空行情無法再被延續下去，所以趨勢將有機會扭轉。如果這種組合出現在上漲過程中是看跌的訊號，在下跌的過程中則是反轉向上的訊號。

特徵：

1.　第一根 K 線為一個長長的實體，它將第二根的實體完全包容起來。

2.　在母子線型態中，兩根 K 線的實體顏色應該互不相同，但這一點不是一項必要條件，相對的第二根 K 線實體的顏色也不重要。

3.　母子線型態中，兩個實體的相對大小是比較重要的，上下影線的大小則無關緊要。

4.　母子線型態中，第二根 K 線實體越小，整個型態的反轉力量就越大。如果第二根 K 線實體越大，那麼反轉的時間點將被延後。

5.　十字母子線，即第二根的 K 線為十字線。這種型態如出現在上漲或下跌初期，並不會改變股價的主要走勢。但在頂部及底部區域出現時，反轉的機會則會比較強烈一點。

操作祕技：

1.　母子線出現在股價大幅上漲之後，是看跌的反轉訊號。

2.　母子線出現在股價大幅下跌之後，是看漲的反轉訊號。

3.　母子線如果出現在股價走勢相當強或相當弱的時間點上，其反轉時間有可能被延後，因此投資者應多觀察幾天，等確認反轉訊號明確再做決定。

圖 4-2-17 出現母子線時，投資者應先多觀察

資料來源：康和 e 閃電

13. 穿頭破腳線：

　　穿頭破腳線是與母子線相反的組合，它也是由兩根 K 線組成，但不一樣的是，第一根 K 線完全被第二根所包含住，也就是母子線兩根 K 線的位置互換。如果第一根 K 線為陽線，第二根 K 線為陰線，那麼就稱為陰包陽；如果第一根 K 線為陰線，第二根 K 線為陽線，那麼就稱為陽包陰。

穿頭破腳線由字面上就可以了解這個組合的意思，第二根 K 線將第

一根 K 線由頭到腳完全穿越，這樣的 K 線顯示前面多空力量被後面的 K 線所終止，因此穿頭破腳線也被視為是股價反轉的訊號。

特徵：

1. 第二根 K 線將第一根 K 線的實體及最高價與最低價完全包住。

2. 第二根 K 線包住前面的 K 線越多，反轉訊號就越明顯。

3. 兩根 K 線的長度越懸殊，反轉訊號就越明顯。

圖 4-2-18　穿頭破腳線出現在上漲中途

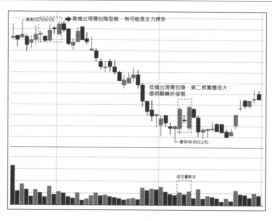

資料來源：康和 e 閃電

操作祕技：

1. 穿頭破腳線可視為反轉訊號，在高檔出現看跌，在低檔出現看漲。

2. 如果第一根 K 線出現十字線，代表被第二根 K 線包含的力度越大，股價反轉的訊號會更明顯。

3. 第二根陽線實體要包含覆蓋第一根陰線實體，同時陽線成交量要大過於陰線成交量，這樣才符合「陽包陰」的型態，在上漲初期出現陽包陰是多頭明顯進攻的訊號。

4. 第二根陰線實體要包含覆蓋第一根陽線實體，同時陰線成交量要大過於陽線成交量，這樣才符合「陰包陽」的型態，在下跌初期出現陰包陽是多頭轉為空頭的明顯訊號。

5. 高檔出現陽包陰與低檔出現的陰包陽，有可能是主力的誘多或洗盤行為，有時需要反向思考或多觀察幾日再進場。

14. 烏雲蓋頂：

烏雲蓋頂又稱為濃雲遮日，是由兩根 K 線所組合，第一根 K 線是一根陽線，第二根則是開高走低的陰線。陰線在陽線收盤價之上開盤，在陽線實體內收盤，形成烏雲蓋頂之勢，顯示多頭行情走軟。陽線實體被陰線覆蓋得越多，表明買氣越弱，空頭攻擊力道就越強。

烏雲蓋頂是一種見到頂部後回跌的一個訊號，在一個上升趨勢中，通常很少出現像第二根 K 線一般，開高突破壓力區後又拉回收低，這代表多頭上攻乏力，大盤有見頂的跡象。而第二根陰線的成交量往往大於第一根陽線的成交量，顯示投資者對股價的看法由樂觀轉為悲觀，這有可能是股價漲幅過多，或是接近比較強大的壓力關卡之前所造成。因此開高走低的陰線往往表示空頭已經開始反擊，股價將有反轉偏空的可能。

特徵：

1. 烏雲蓋頂組合中的陰線，要符合比前一根陽線最高價以上開盤，收盤要在該陽線實體一半以下，才算是烏雲蓋頂線的型態。

2. 陰線的成交量要比陽線大，其實體越長越有可能是高檔反轉的訊號。

3. 如果烏雲蓋頂的組合不是出現在股價的高檔區域，則要看陰線的成交量變化大小及其相對位置而論。如果出現在股價剛脫離底部盤整區域時，那麼很有可能是有突發利空的打壓，這時要小心有破底的危機發生。

操作祕技：

圖 4-2-19 烏雲蓋頂要看陰線的長短與量能大小

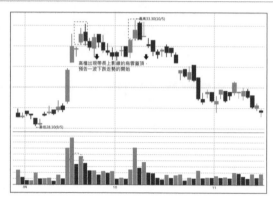

資料來源：康和 e 閃電

　　烏雲蓋頂線看跌訊號是否成立與兩個重要因素有關，一是陰線的量能大小，二是陰線的長短。

　　如果陰線的成交量夠大又是在高檔頂部出現，那麼代表主力利用開高吸引短多追價的投資人進場追高，然後趁機倒貨，最後收低，隔天再用中長陰線摜壓股價，結束整個多頭走勢。但如果陰線的成交量縮小且不是在高檔頂部位置，那有可能是主力的洗盤行為，在洗盤結束後大盤有機會再度走強。

　　如果陰線的實體很短，代表空頭的摜壓讓多頭給化解，但還是要看隔日是否會繼續出現帶量陰線。如果是出現帶量陰線，那麼兩根陰線合起來，如符合烏雲蓋頂的條件，那麼整個反轉走勢還是會成立的。

　　陰線收盤越接近陽線實體的幅度越大，反轉訊號越明顯，相反的，接近陽線實體的幅度越小，則訊號越不明確。如果陰線將陽線實體貫穿，甚至連陽線的最低價都貫穿收巨陰線時，那麼股價有可能在高檔頂部區出現當日反轉走勢。

　　最後一點是相當重要的，如果陰線的成交量跟實體大小和相對位置都

不怎麼符合烏雲蓋頂組合，那麼這個產生類似組合所提供的訊號，將要多觀察後再進行操作。因為烏雲蓋頂組合產生後，如果後面再出現一根帶量中長陽線，那圖形將變成「多方炮」的組合形態，此時非但不該賣股，還要緊抱股票，甚至加碼買進。

因此投資者不能只憑一眼的觀察圖形就貿然下決定，這樣反而會暴露在相當大的風險中。

15. 刺穿線（晨光乍現）：

刺穿線又叫晨光乍現，是與烏雲蓋頂線相對應的一種圖形。其組合型態也是由兩根 K 線所組成，第一根為陰線，第二根為從陰線的最低價以下開盤，收盤時收盤價在第一天的陰線實體之內，但是高於第一天實體的中點之陽線。

刺穿線是底部反轉訊號的組合，有別於烏雲蓋頂線，是屬於高點頂部反轉訊號的組合。而當股價持續下跌到一定的低點時，出現跳低開出的陰線。但由於開盤接近強力支撐區，加上空頭持續的下挫後力道不足，因此出現很多搶短的買盤買進推升股價走高，此時融券放空的投資者也加入回補行列，結果收盤時不但比開盤價高，甚至接近第一根陰線的一半，這時整個空頭趨勢被扭轉，多頭行情由此慢慢的展開。

特徵：

1. 刺穿線組合中的陽線，要符合比前一根陰線最低價以下開盤，收盤要在該陰線實體一半以上，才算是刺穿線的組合型態。

2. 陽線的成交量要比陰線大，其實體越長越有可能是底部反轉的訊號。

3. 如果刺穿線的組合不是出現在股價的底部區域，則要看陽線的成交量變化大小及其相對位置而論。如果出現在股價高檔區域時，要小心主力誘多的伎倆。

操作祕技：

1. 股價大幅下跌後出現刺穿線組合型態，如果股價馬上反轉走強，那麼上漲力道往往不強。但如果是經過一個短暫的整理後再漲，漲勢會比較強勁有力。

2. 刺穿線的組合型態只適用於底部區域的反轉，如果出現在高檔頂部區域，則要小心是主力誘多的伎倆。如果陽線的成交量又較陰線來得小，這表示多頭試圖拉升股價，但力不從心，此時持有該股的投資者應在股價反覆震盪中拋出持股，而融券放空的投資者則不急於回補買進。

3. 刺穿線的組合型態在底部區域時，陽線的成交量越大，底部反轉的訊號就越明確。

4. 陽線收盤越接近陰線實體的幅度越大，反轉訊號越明顯，相反的，接近陰線實體的幅度越少，則訊號越不明確。如果陽線將陰線實體貫穿，甚至連陰線的最高價都貫穿收巨陽線時，那麼股價有可能在底部區出現當日反轉走勢。

圖 4-2-20 刺穿線只適用於底部區域反轉

資料來源：康和 e 閃電

16. 雙針探底：

雙針探底是由連續兩根帶長下影線的十字線所組合而成，成交量一般較前面的交易日有所縮小。兩根十字線的位置可以高低有所不同，有時候十字線帶有很小的實體。由於實體小到可以忽略，因此也可以當成雙針來看待。

雙針探底由字面上的意思來看，這個型態組合是提醒投資者底部的接近。由於股價在長期下跌後空頭力量大幅度減低，這時候逢低買進及空頭回補的買盤就會慢慢地進場，這時候在接近底部區域出現帶長下影線的十字線，具有止跌回穩的技術含意。連續出現兩根十字線時，股價由底部反轉走高的機率相當大。

特徵：

1. 雙針探底是底部反轉的一種訊號提示。

2. 雙針探底的底部確認成功度與十字線下影線長短成正比，與成交量大小成反比。

3. 雙針探底的組合型態如果出現變形（有實體產生），或是被其它K線隔開，作用雖然和雙針探底相同，但反彈的力道會有所減弱。

圖 4-2-21 雙針探底要注意量的變化

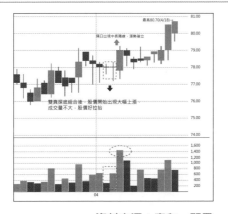

資料來源：康和 e 閃電

操作祕技：

1. 有時候股價形成雙針探底的圖形後，股價出現反彈後又再度破底，其中最大的原因是因為股價下跌幅度不大，因此在小反彈後，又見新的賣壓出籠摜壓股價破底。投資者在股價下跌幅度未超過 20% 前見到雙針探底的組合型態，都需以短線反彈看待。

2. 在高檔頂部區域見到雙針探底的組合型態，很多時候只是高檔換手調整產生的結果，大部分只是小幅反彈後將再出現一波較大的跌幅。

3. 雙針探底有時會出現變形型態，例如不是連續出現兩根長下影線的十字線，而是隔上 3 至 4 根的其它 K 線，這時候還是可以視為是有效的雙針探底組合型態。但是如果第一根長下影線出現後，隔太多天才出現另外一根長下影線的十字線，這時候的雙針探底組合勉強還是可以算是，但是反轉效果及底部的確認度將被大打折扣。

4. 雙針探底的組合型態中，兩根十字線的下影線越長，代表股價下跌越深，有超跌的可能。因此尾盤的拉高代表多空位置的轉換開始，而成交量越小代表空頭賣出的力量越小，多頭拉抬容易。相反的，如果成交量越大，有可能是主力大幅賣出後的拉回調整，後勢有可能再度殺低。

17. 死亡墓碑：

死亡墓碑是由兩根 K 線所組成的，第一根為開高走低的陰線鎚子線或 T 字線，第二根則為開低走低的大陰線。股價在高檔頂部區域出現這種組合型態，彷彿是豎起一座墓碑一般，昭告不久後將出現反轉下殺的行情。

我們在前一章學到，在高檔出現的鎚子線稱為吊頸線，是一種反轉訊號，而高檔出現 T 字線也是相同意思。之後再加上大陰線墓碑的確認，下跌的訊息就更加明顯。投資者在高檔遇見這樣的組合，應該快速賣出股票，以規避風險的產生。

股價在經過快速拉漲後，收出一根陰線鎚子線，此時多方已經是氣力放盡，無力再攻。這根鎚子線出現代表股價即將反轉，隔天出現開低走低的大陰線，結束多頭的走勢，行情將出現大幅度的下殺修正。

特徵：

1.　吊頸線（高檔區鎚子線）加上大墓碑（開低走低大陰線），顯示頂部反轉股價將出現一波大跌走勢。

2.　死亡墓碑的第二根陰線，如果是大陰線，跌幅會比較大，如果是中陰線，跌幅會比較打折扣。

操作祕技：

圖 4-2-22　死亡墓碑出現後，股價易向下走跌

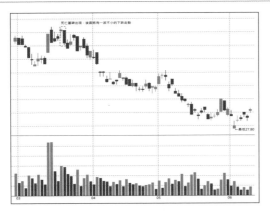

資料來源：康和 e 閃電

1.　如果在股價連續上漲後，在高檔出現一根開高收低的陰線，但是收盤價又比前日的收盤價高，也就是收出一根實體很大的長實體鎚子線，這樣的型態稱之為墓碑在前，也是提示股價接近頂部訊號之一。就算是之後出現小漲小跌的走勢，但不久之後將會出現一波跌勢。

2. 如果組合不是鎚頭線加大陰線,而是 T 字線加大陰線,兩者本質差不多,差異的是 T 字線顯示多頭力量稍強,股價下跌後將有可能出現一波回檔反彈,然後續跌。

圖 4-2-23 T 字線與大陰線的組合,顯示多頭力量較強

資料來源:康和 e 閃電

18. 夾子線:

夾子線是由 3 根 K 線組成,第一根及第三根 K 線實體較長,可陽可陰,第二根 K 線實體較短,也是可陽可陰,這種組合形成中間較短的 K 線被兩根較長的 K 線夾起來,因此稱為夾子線。中間這根 K 線的位置可處在兩根長 K 線的上方或下方。

夾子線也是股價轉折的提示訊號,如果股價在高檔出現,則代表見頂的訊號,在底部區出現則是股價將觸底反轉。夾子線組合中第一根長實體 K 線,代表原本股價行進趨勢的力量正強勢,第二根短 K 線實體代表股價走勢突然熄火變慢,而第三根反向大實體 K 線,則是確認方向將由原先的趨勢改變轉折。

特徵：

1. 夾子線組合是由 3 根 K 線組成，分別為陰陽相反的兩根長實體 K
   線夾著一根短實體的 K 線。

2. 短實體 K 線可陽可陰，位置可在上方或下方。

3. 夾子線如在高檔區域出現時，這 3 根 K 線的最高價很接近；如果
   在底部區域出現時，這 3 根 K 線的最低價很接近。

操作祕技：

如果心細的讀者看見夾子線組合會發現，它與前面開頭介紹的早晨之
星及黃昏之星的 K 線組合很類似，但實際上卻有很大差別。夾子線組合的
中間 K 線，是小實體而非十字線。當夾子線在頂部區域出現時，這 3 根 K
線的最高價很接近，顯示這 3 個交易日收盤價都很難被突破。如果在底部
區域出現時，這 3 根 K 線的最低價很接近，顯示這 3 個交易日收盤價都很
難被跌破，這個特性也是造成股價出現反轉的重要關鍵。

很多股票的組合看起來很相像，但有時結果卻是差異相當的大，讀者
在辨識圖形時，需要細心分辨。

圖 4-2-24 高檔出現夾子線，行情反轉下跌

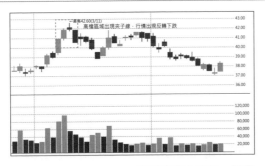

資料來源：康和 e 閃電

19. 塔形底：

　　　塔形底是由多根 K 線所組成，首先出現一根大陰線，然後股價並未繼續下挫走低，接著出現數根小陽小陰等實體較小的 K 線，最後出現一根大陽線，股價由此開始轉多。

　　塔形底是屬於底部反轉的訊號，股價在連續下跌過後，突然出現一根大陰線，這代表空頭的力量已經完全的被這根陰線釋放出來，接下來在底部形成盤整走勢，但空頭已無力再殺股票。不過多頭也不敢進場買股票，因此出現數根小陽小陰線的 K 線，但股價也沒有再破底，待整理完畢，多頭以一根陽線拉開盤整區間，此時多頭行情正式展開。

特徵：

1.　塔形底是由一根大陰線加上數根小陽小陰線和一根大陽線所組成。

2.　塔形底組合形成後，股價走勢將出現盤整或上漲。

圖 4-2-25　塔形底是見底反轉訊號

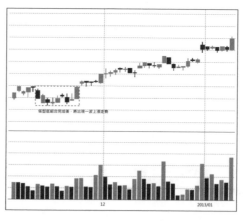

資料來源：康和 e 閃電

3. 小陰小陽線相互之間的最低點基本上很接近，並且股價沒有再破底創新低價。

4. 最後一根大陽線的收盤價要位於大陰線實體的一半以上。

操作祕技：

1. 塔形底是見底反轉訊號，因此在股價下跌或底部區域出現時較為準確。

2. 塔形底組合形成後，代表股價整理完畢，多頭將重新展開。

3. 塔形底組合形成後，股價如果上漲後又再度回跌，並跌破前波底部支撐區時，新的空頭走勢將重新形成。

4. 大陰線大陽線實體越大，小陰線小陽線實體越小，見底反轉的訊號更明確。

5. 塔形底組合形成之前，股價跌幅越大，下跌時間越長，反轉的訊號就更明確。

6. 高檔頂部區域形成塔形底組合，小心主力拉高出貨。

7. 塔形底組合之前出現了塔形頂，而且最後的陽線伴隨巨量出現，這個塔形底的反轉訊號將不值得被信任。

8. 塔形底組合的底部區形成的時間可長可短，投資者可以等到陽線出現，組合型態完成後再進場買進，以免浪費機會成本。

20. 塔形頂：

塔形頂與塔形底是相對應的組合圖形。塔形頂也是由多根 K 線所組成，首先出現一根大陽線，然後股價並未繼續上漲走高，接著出現數根小陽小陰等實體較小的 K 線，最後出現一根大陰線，股價由此開始轉空。

塔形頂是屬於頂部反轉的訊號，股價在連續上漲過後，突然出現一根大陽線，這代表多頭的力量已經完全的被這根陽線釋放出來，接下來在頂部形成盤整走勢，但多頭已無力再拉抬股票，不過獲利了結及融券放空情況也沒發生。因此之後出現數根小陽小陰線的 K 線，但股價也沒有再創新高，待整理完畢，空頭以一根陰線跌破高檔盤整區間，此時空頭行情正式展開。

特徵：

1. 塔形頂是由一根大陽線加上數根小陽小陰線和一根大陰線所組成。

2. 塔形頂組合形成後，股價走勢將出現盤整或下跌。

3. 小陰小陽線相互之間的最高點基本上很接近，並且股價沒有再創新高價。

4. 最後一根大陰線的收盤價要位於大陽線實體的一半以下。

操作祕技：

圖 4-2-26 塔形頂是見頂反轉訊號

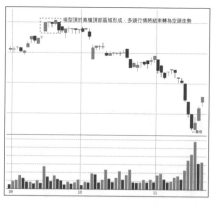

資料來源：康和 e 閃電

1. 塔形頂是見頂反轉訊號，因此在股價上漲或頂部區域出現時較為準確。

2. 塔形頂組合形成後，代表股價整理完畢，多頭將結束轉為空頭走勢。

3. 塔形頂組合形成後，股價如果下跌後又再度上漲，並突破前波頂部壓力區時，新的多頭走勢將重新形成。

4. 大陰線大陽線實體越大，小陰線小陽線實體越小，見頂反轉的訊號更明確。

5. 塔形頂組合形成之前，股價漲幅越大，上漲的時間越長，反轉的訊號就更明確。

6. 低檔底部區域形成塔形頂組合，小心主力誘多摜壓股價破底。

7. 塔形頂組合的頂部區形成的時間可長可短，投資者可以等到陰線出現、組合型態完成後，再進場做空或獲利了結出場，以免喪失股價再創新高的機會。

21. 梳子底線：

梳子底線是指股價在大幅下跌後，在底部區域慢慢形成支撐，在築底的過程中所出現多根帶有長下影線，如梳子般排列整齊的組合型態。

梳子底線在底部形成時，將有機會展開一波大的反彈走勢。股價在長期大幅走空後在底部形成支撐，由於空頭已無力摜壓股價，但多頭也不急於拉抬股價，雙方就在窄幅的空間中震盪來回。部分的短多及套牢的籌碼因不耐久盤而殺出，但總有買單逢低接住並拉回，在經歷數次之後，多頭確定籌碼已被洗清，於是開始一波大幅走高的行情出現。

特徵：

1. 梳子底線一般是由 4 根 K 線以上所組合，不得少於 4 根，當然越多越好。

2. 梳子底線中 K 線所形成的下影線，長度必須要長於實體 1 倍以上，越長越好。

3. 梳子底線的每根 K 線所形成之最低價，基本上都在同一水平，並不能有持續破底的情況出現。

4. 除了底部所形成的梳子底線組合是具有見底反彈的訊號外，其他位置所形成的梳子底線組合，不能確信會出現一波反彈走勢。

操作祕技：

1. 在低檔底部區域形成的梳子底線組合可以逢低買進。

2. 梳子底線組合中，如果 K 線下影線平均起來比實體長度超過 2 至 4 倍的話，那麼反彈的走勢會更強烈，甚至有半個月以上的反彈行情出現。

圖 4-2-27　梳子底線在底部區可以逢低買進

資料來源：康和 e 閃電

3.　短線投資者可以選在梳子底線組合完成向上突破時買進。

4.　在上漲中途出現梳子底線組合時，行情不見得會反彈走高，短多
　　投資者介入時，可將停損設於股價跌破梳子底線組合中最長下影
　　線的底部之下。

5.　在上漲中途出現梳子底線組合時，大膽投資者可以進場買進，但
　　需設好停損。穩健的投資者必須多加觀察，待股價突破壓力區向
　　上走時再進場。

6.　梳子底線組合形成後，股價向上突破反彈不久後，又再度回跌底
　　部時，最好先離場觀望，如跌破底部區域就一定要停損出場。

7.　不要因為出現買進訊號後買進，但又被停損出場而不再相信 K 線
　　組合訊號的提示，操作股票最忌諱心態搖擺不定，股市裡永遠沒
　　有 100% 成功的訊號來提示你，只有機率大小而已。

22. 孤島組合線：

　　孤島組合線是指行情在上漲或下跌的過程中，出現
一個跳空缺口，在整理一到數日後，又再度出現一個反
向的跳空缺口，使得整理期間的型態好像一座孤島，因
而得名。

　　股價在經歷一波下跌走勢後，突然有天出現一個竭盡的跳空缺口，此
時空頭的力量已經用盡，行情在這個陰線跳空缺口底下形成一至數根 K 線
的底部整理型態，待整理過後，股價再度出現一個陽線反向的跳空缺口，
從此出現一波上攻的多頭走勢，此種組合稱之為「見底孤島」。

　　股價在持續上攻的過程中，突然有天出現一個竭盡的跳空缺口，此時
多頭的力量已經用盡，行情在這個陽線跳空缺口之上形成一至數根 K 線的
頂部整理形態，待整理過後，股價再度出現一個陰線反向的跳空缺口，從
此出現一波下跌的空頭走勢，此種組合稱之為「見頂孤島」。

特徵：

1. 孤島組合線由一根陰線或陽線跳空後，再由 1 至數根不等的 K 線及反向跳空之陰線或陽線所組成。

2. 孤島組合線分為見底孤島及見頂孤島二種，端看其形成位置而定。

3. 孤島組合線可視為底部或頂部的反轉訊號。

操作祕技：

1. 在頂部區域形成孤島組合線，可能是主力的誘多手法，多單應觀察是否出現反向破底走勢，如果破底時需立即出場。

2. 在底部區域形成孤島組合線，可能是反轉偏多訊號，投資者應觀察是否出現向上突破走勢，如果突破走勢時可立即進場買進。

3. 當股價突破見頂孤島最高價時，代表新的多頭走勢出現，後勢看好；相對的，當股價跌破見底孤島最低價時，代表新的空頭走勢出現後勢看壞。

圖 4-2-28 孤島組合線需由第二個跳空缺口做確認

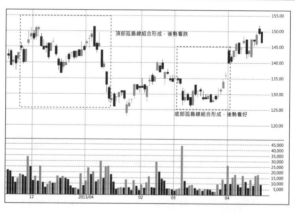

資料來源：康和 e 閃電

4. 孤島組合線需要第二個跳空缺口來確認，如無出現跳空缺口，但是出現反向走勢時，僅可視為一般行情或其他組合形態，不能視為是孤島組合線。

5. 孤島組合線之前的**趨勢越明顯**，持續時間越長，反轉訊號越確定。

6. 孤島組合線中，見頂孤島最後一根跳空陰線實體越大，反轉訊號越強烈；見底孤島最後一根跳空陽線實體越大，反轉訊號越強烈。

23. 三川線：

三川線是由兩根帶下影線的陰線和一根小陽線所組合而成。在股價持續上漲中，三川線組合的出現是提供投資者進場的好機會點。

股價在開始上漲後，會在適當的高點出現回檔修正的走勢。當跌到差不多的價位區時，會出現第一根帶下影線的陰線，此時市場預期股價將會再度走高，底檔買進的拉回造成出現長的下影線，隔天股價開高，但仍有賣壓打壓股價，盤中最低價甚至比第一根陰線還低，但尾盤時還是拉回收長下影線。第三根則是出現止跌小陽線，在空頭無力打壓下，多頭進場推升新的一波上漲走勢出現。

特徵：

1. 三川線組合中，第一根陰線帶下影線，顯示低檔有買盤買進支撐。

2. 三川線組合中，第二根開高的陰線帶下影線，代表多頭想拉高但力量不足，但是市場低接的買氣很強勁。

3. 三川線組合中第三根小陽線，代表行情將由空方控盤轉為多頭掌控。

操作祕技：

1. 三川線組合出現在底部及上漲中途是買進的訊號。

2. 三川線組合出現在頂部或下跌中途有繼續走低的可能。

3. 三川線組合第二根陰線下影線比第一根陰線下影線較長時，股價走高的機率大增。

4. 股價在三川線組合形成後走高，但不久後突然下跌，並跌破三川線組合中的最低點時，股價走勢將由多轉空。如未跌破而走高，不排除股價走勢形成 W 底，而再度形成新的多頭行情。

5. 三川線組合形成時，投資者可以在形成第三根小陽線後，隔天進場買進股票。

圖 4-2-29　三川線底部及上漲中途是買進訊號

三川線組合於底部形成，行情將出現一波上漲
最低 71.40(10/29)

資料來源：康和 e 閃電

24. 見頂三黑兵

　　見頂三黑兵是由三根陰線在頂部形成類似「山」字型的組合，股價如果在高檔或下跌中途形成時，將不排除有見頂下挫或繼續走低的可能。

　　股價在一路走高後，在高檔區域形成區間震盪，當主力上下洗盤加大震幅時，第一根陰線可能出現長下影線，吸引短多的散戶追高。第二根

陰線可能開高後，再度引誘散戶當天追高後大幅賣出壓回。第三根就直接開低走低，結果前兩天的短多投資者因恐慌及停損而殺出，形成多殺多走勢，並且結束多頭走勢轉為空頭控盤。

特徵：

1. 見頂三黑兵是由 3 根陰線在頂部形成的組合，是股價見到頂部的明顯訊號。

2. 見頂三黑兵的第一根陰線在高檔形成後，緊接著第二根陰線跳空開高，走高後一路被賣壓打壓收低，第二根陰線實體大小與第一根陰線實體大小差不多，第三根陰線則是開平低盤後收低，收盤收在第一根陰線的中間價之下。

操作祕技：

圖 **4-2-30** 見頂三黑兵出現高檔投資者應先減碼

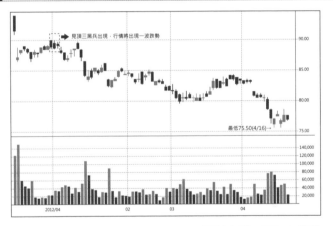

資料來源：康和 e 閃電

1. 見頂三黑兵於高檔出現時，多頭投資者應先減碼應對。

2. 見頂三黑兵如伴隨較大的成交量出現時，行情將很快出現回跌走勢。

3. 底部區域及盤整時出現的見頂三黑兵組合型態，不能視為行情將轉空訊號。

4. 見頂三黑兵於高檔出現時，隔天如果出現跳空大陰線時，跌勢將會相當凶猛。

25. 見底三黑兵：

見底三黑兵是由 3 根陰線在底部形成類似倒「山」字型的組合，股價如果在底部形成時，將不排除有見底反彈或繼續走高的可能。

股價在大幅下跌後，在底部區域形成區間震盪，當空頭已無力再打壓股價時，第一根陰線出現的長下影線代表股價止跌，第二根陰線出現長下影線，視為行情試探性的尋求底部的確立，第三根就直接比第二根陰線開高但收黑，此時行情在持續利空打擊不跌下，股價開始翻多走勢，並且結束空頭走勢轉為多頭控盤行情。

特徵：

1. 3 根陰線基本上均為大小實體差不多大的中陰線組成。

2. 第二根陰線如出現長下影線或第三根陰線跳空開高的話，其反轉訊號會更強烈一點。

3. 第三根陰線收盤價應該在第二根陰線開盤價之上。

操作祕技：

1. 見底三黑兵通常出現在跌深後的底部區域，短線投資者可以逢低進場。

2. 見底三黑兵第三根陰線收盤價如收在第二根陰線實體一半以下，那麼這個組合就不成立，只能視為普通的單一 K 線判斷。

3. 中長線的走勢不會因為出現見底三黑兵後就改變，投資者要從不同的角度多加觀察。

4. 空頭走勢出現見底三黑兵時，通常反彈幅度不會太大，但股價跌幅已深時出現，不排除會有較大反彈行情產生。

5. 見底三黑兵出現後，行情通常會出現小幅盤整後，才會出現反彈走勢。

圖 4-2-31 見底三黑兵出現在跌深後的底部區，可短線進場

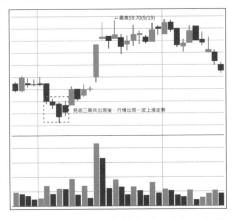

資料來源：康和 e 閃電

26. 傾盆大雨：

傾盆大雨是由兩根 K 線所組合，第一根 K 線是 1 根實體較長的陽線，第二根 K 線是 1 根開低走低的陰線，且收盤價跌破陽線實體的組合。傾盆大雨組合的出現，顯示股價將出現回檔現象，投資者若躲避不及，將被雨淋濕。

股價在持續走高的過程中，出現 1 根中陽或大陽線，顯示追價買盤仍

看好該股後勢發展，但隔日股價並未再繼續走高，反而開低走低，此時將會引發一波獲利了結的賣壓湧現。當股價跌破前一根陽線的開盤價時，短多停損加上恐慌賣壓出籠，促使股價越走越低，最後結束多頭走勢轉空。

特徵：

1. 傾盆大雨第二根陰線實體較長，並且跌落第一根陽線開盤下收盤。

2. 傾盆大雨出現意謂著股價將出現下跌，多頭宜避開，防止虧損產生。

操作祕技：

傾盆大雨的組合出現後，雖然會引起股價的下跌，但跌幅不見得會很大，除非是在頂部區域出現或下跌中途出現。如果是在上漲初期出現或是跌勢的末期，則殺傷力就會小一點。

其次，雖然股價在高檔出現傾盆大雨組合，但是第二根陰線的成交量縮小到不成比例，這有可能是主力洗盤的伎倆，將一些持股信心不足的籌碼洗出後再往上攻，因此投資者應該仔細的辨識，以免被提早洗出場。但無論如何，對於保守型投資者而言，傾盆大雨組合的出現還是先出場觀望為宜。

圖 4-2-32 傾盆大雨會引起股價下跌

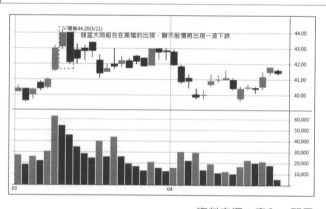

資料來源：康和 e 閃電

27. 捨子星（棄嬰線）：

捨子星是由 3 根 K 線所組合，中間是十字線，在這根十字星線與其前後兩根蠟燭線之間發生了股價跳空，包括所有的蠟燭線的影線在內，捨子星組合型態與技術分析中的島形反轉型態相當。只是這裡要求島部是一根十字線，捨子星組合的出現，代表股價在底部或頂部區域出現反轉。

股價在利多的消息簇擁下開高漲停，在漲停的狀態下仍有數量龐大的買單未成交，隔天出現跳空開高走高留下個缺口。但股價於高檔區域有較強賣壓打壓，而迫使最後收盤與開盤同位置形成十字線，這表示市場對該股高價位區的不認同。也或許大盤接近重要壓力區之前的獲利出場行為造成，第三天則出現較大的短多賣壓出籠，最後用跳空走低方式結束多頭行情，股價將出現一波較大的回檔修正。

特徵：

1. 捨子星組合型態與早晨之星和黃昏之星形成條件一致。

2. 捨子星組合型態較早晨之星和黃昏之星所代表的反轉更加強烈。

3. 從型態上看，十字線與前後的兩根 K 線形成跳空，股價的走勢呈現相反，好像是被捨棄的嬰兒一般，因此捨子星又稱棄嬰線。

操作祕技：

捨子星組合在頂部區域出現，代表股價經利多不斷的刺激下已經超漲許多，此時的多頭信心比較浮躁，因此容易出現一點賣壓出現就會造成股價跳空走低。但由於這類型的股價本身都有較強的基本面支撐，因此初步的回檔幅度應不會太大，底下逢低準備撿便宜貨的短多將會托住股價，使其不會下跌太多。

從底部起漲的最低價到頂部十字線的最高價回檔 1/3 至 1/2 處將會獲得支撐，多頭將會試圖反攻。以下圖做分析，109.5-97.5=12 元，那麼短多

可能會在 103.5 至 105.5 之間再度進場買進，此時股價可能會拉出一波逃命線後（106.5 至 108.5），才會出現較大幅的回檔修正，或是繼續拉升再創新高。

捨子星組合在底部區域出現，代表股價已經超跌許多，跳空的十字線代表空頭力量的用盡，此時的市場容易出現一點買氣就會造成股價跳空走高，但由於基本面可能是決定股價跌跌不休或是繼續上揚的主因，因此不排除反彈過後，股價還是會依據基本面來決定漲跌。

圖 4-2-33 **捨子星出現在頂部代表利多不斷已出現超漲**

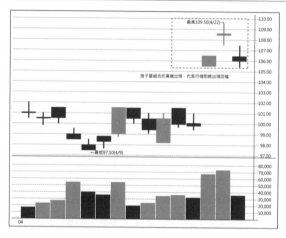

資料來源：康和 e 閃電

Chapter 05

趨勢確認的方法（一）
壓力與支撐

　　以技術分析指標進行中短期的股票投資，首先要知道現今大盤所居的位置。如果大盤位於波段的谷底，獲利的機會自然大於高處不勝寒的波峰。

　　這時趨勢方向辨別相當重要，從趨勢線的方向與走勢構成上升趨勢與下降趨勢。如果股市處於多頭階段，上升趨勢線將成為多頭走勢回檔的支撐；如果股市處於空頭走勢，下降壓力線將是空頭跌深反彈後遇到的阻力，行情突破壓力或是跌破支撐時，原有的趨勢將形成改變，股價或指數將進入另一個走勢，趨勢將形成多空易位。

從2019年至2023年台股大盤呈現收斂三角形走勢，在

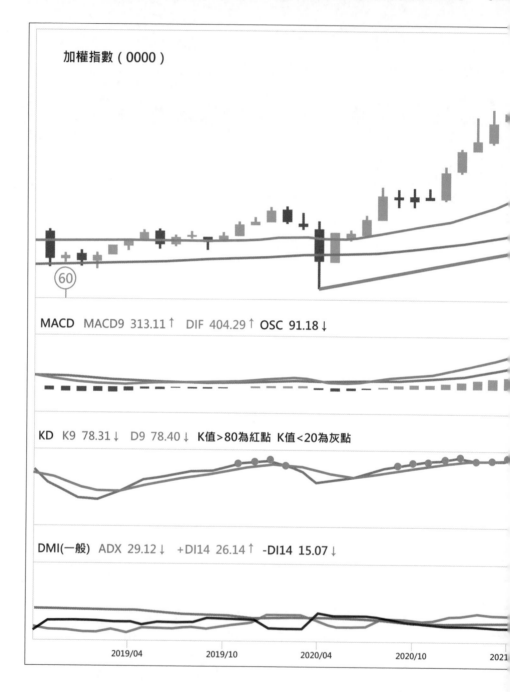

加權指數（0000）

MACD MACD9 313.11↑ DIF 404.29↑ OSC 91.18↓

KD K9 78.31↓ D9 78.40↓ K值>80為紅點 K值<20為灰點

DMI(一般) ADX 29.12↓ +DI14 26.14↑ -DI14 15.07↓

2019/04   2019/10   2020/04   2020/10   2021

情況下，漲破壓力線要買進，跌破支撐線則要賣出

2021/10   2022/04   2022/10   2023/04   2023/10

何謂壓力？
何謂支撐？

　　希望在股市的波動中獲利，首先要搞懂的是大盤的位置。在大盤的低檔，也就是接近支撐時買進，有較高的獲利機會。

　　大盤或股價現在所居的是壓力區，亦或是支撐區，讀者要能清楚的判斷，方能在滾滾股海中掌握明確的方向，獲取先機。

　　買賣股票時，常聽見初升段、主升段、末升段，或是初跌段、主跌段、末跌段，究竟是如何劃分的呢？而在急漲與急跌時常出現跳空缺口是代表什麼涵義呢？

　　波浪理論大師艾略特在 1938 年所著的《波動原理》和 1939 年一系列的文章中，指出股市呈一定的基本韻律和形態，5 個上升波和 3 個下降波構成了 8 個波的完整迴圈。3 個下降波作為前 5 個上升波之調整（Correction），右圖表示 5 個代表上升方向的推進波（Impulse Waves）和 3 個調整波（Corrective Waves）。

　　在上升的 5 個波中，第一波（wave 1）通常是初升波，漲幅較小，上升速度較慢，第二波（wave 2）是修正第一波的修正波，第三波（wave 3）是主升段，漲幅較大，上升速度較快，第四波（wave 4）是修正第三波的修正波，第五波（wave 5）是末升段，漲幅較小，甚至比第一波還小，通常伴隨著多根長上影線 K 線而結束整個多頭走勢。

　　下跌 3 波中，第一波（wave a）通常是初跌波，跌幅較小，也不明顯；第二波（wave b）是修正第一波的修正波，通常會讓人誤會多頭整理完畢，將再次攻擊，但緊接而來伴隨著急速下跌的第三波（wave c），主跌段帶量重挫尋求下檔支撐，然後在低檔整理，出現一些不成形的末跌段，整個波段就此完成。

圖 5-1-1 　股市波段圖

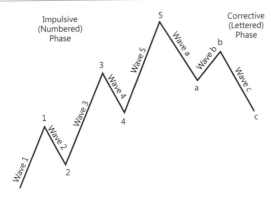

資料來源：《波浪理論》

　　很多投資者可能很難弄得清楚，自己所持有的股票在波浪理論中是屬於第幾波或是哪一段，但對於底部低檔區或頂部高檔區，以及股價正處於多頭上漲階段或是空頭下跌階段比較有概念。因此，本章將就股價的變動及形成，為讀者剖析股票的氣勢與股價整個波段生命週期所可能發生的事，冀望對讀者操作股票時有所助益。

支撐與壓力該如何分辨

　　投資人很常聽到的股票術語，就是目前大盤正處於高檔震盪或是股價正在低檔盤整，那麼該如何劃分股價是高檔是低檔，我們可以藉由技術分析的觀念來加以釐清。

1　壓力與支撐：當股價在上漲的過程中，碰觸到某個價位區時，就會有很大的賣壓湧現，造成價格走低，或是當股價在下跌的過程中，跌到一定程度時，就有逢低撿便宜的買盤進場買進，推升股價上揚。前者稱之為壓力，後者就是一般人所說的支撐。

　　壓力與支撐的形成及認定，並不是單靠幾根 K 線就可以辦得到，而是經由無數根 K 線伴隨著成交量所形成的區域。這個區域的範圍越大、成交量越多，所形成的壓力與支撐就越被市場所認同及接受。區域的範圍越

大、成交量越多，也代表著這個壓力及支撐越強，股價在這個區域之內不易被穿越或跌落。

2 壓力與支撐的形成：壓力與支撐的認知是操作股票的最基本概念。所謂的股票要買低賣高才會賺錢，指的就是買在支撐區、賣在壓力區，那麼壓力及支撐是如何形成呢？

1. 指數的整數關卡：

通常投資者對於整數的指數或股價，會同時具有認同感及恐懼感的矛盾心理。當指數在上漲過程中，要穿越過整數關卡前，總會遇到擔心無法順利通過關卡的投資人，提前出現獲利了結的動作，而使指數在關前走低，當然也有可能是因漲幅過大的拉回，但是次數一多，慢慢也形成投資者對這種整數關卡前的恐懼及小心。相對的，在下跌過程中遇見整數關卡，也是會有指數將在此止跌的想法以及心理預期產生。

指數要穿越的整數關卡數字越大，市場的恐懼心理就越強烈，因此指數要突破 14,000 點大關，比突破 10,000 點關卡所花的時間及力氣要來得更多。一旦千辛萬苦突破 14,000 點壓力區後，下次股價跌到接近 14,000 點整數關卡前，就會獲得相當大的買盤支撐。

2. 股價的整數關卡：

股價也會有這種整數關卡前的認同及恐懼感，尤其是股價的跳動變動時，例如 49.95 變成 50 元或是 99.9 變成 100 元時，多少也會引起習慣於低價操作投資人的恐懼而提前賣出。當股價有效突破整數關卡走高一陣子後，再來碰觸這個關卡區時，反而買進的認同度會比賣出的高。隨著投資者對產業的基本面熟悉及技術分析能力的提升，股價整數關卡所造成的影響力正慢慢消退。

3 重大利多或利空消息：2012 年 4 月政府宣布油電雙漲，接著 5 月宣布開徵證所稅及二代健保也將股利納入收費，股價由 8,000 點以上跌至 6,857 點，部分先前看多的投資者均被套牢在 8,000 點之上，無形之中 8,000 至 8,200 點（政策未宣布之前的高價為 8,170 點）就變成新的壓力區。

到了 2012 年底政府為了提高股市成交量及刺激經濟成長，於是宣布許多有關於金融面的利多訊息，配合政府基金進場及外資的買進，股價由 7,050 點漲到 8,089 點，因此 7,000 至 7,050 點就變成新的支撐區。當然政府開徵證所稅是以 8,500 點為基準，所以 8,500 點也是人造的壓力區，但不久之後證所稅還是被廢除，白忙一場。

圖 5-1-2　新壓力區形成，可以看出高價及成交量

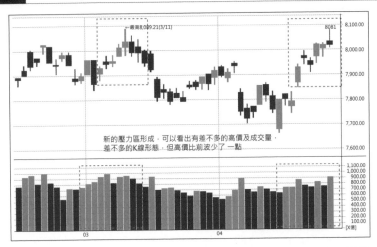

資料來源：康和 e 閃電

4　前波的支撐及壓力區：前波的壓力區因套牢不少短線追高的投資者，因此股價在整理過一段時間後，再度測試這個壓力區時，如果無法有效的帶量突破時，就會形成一個與前波壓力區差不多幅度大小的新壓力區。

如果股價跌到接近前波起漲點之前，那麼在接近先前支撐區之前，就會有新的支撐提早進場布局。如果股價由此開始拉升，那麼這個新的支撐區就會被認同。

通常新壓力區的最高價會低於前波壓力區的最高價，新的支撐區所形成的最低價會高於前波的最低價。

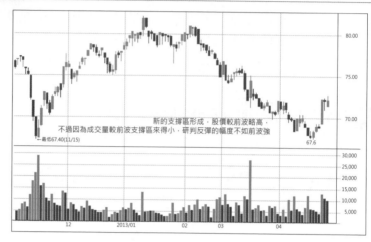

圖 5-1-3　新的支撐區較前波高，反彈幅度也較小

新的支撐區形成，股價較前波略高，
不過因為成交量較前波支撐區來得小，研判反彈的幅度不如前波強

←最低67.40(11/15)

67.6

資料來源：康和 e 閃電

5　技術指標：由技術指標所造成的支撐與壓力區均屬於短期現象，例如 RSI 指標在 80 以上屬於超買，20 以下屬於超賣。那麼股價一進入 80 以上就容易回檔，進入 20 以下就容易反彈。又或者是，股價受到移動平均線中長期均線的支撐而停止下跌，或受到均線的蓋住壓迫而走跌，這種因技術指標所形成的支撐及壓力，將會隨著時間的拖長及價位的改變而變動，屬於短期的支撐與壓力。

相對高檔與相對低檔所形成的頂部與底部

　　了解支撐與壓力的形成後，我們可以知道股價由支撐區走到壓力區的過程稱之為上漲；股價由壓力區持續走低到支撐區的過程稱之為下跌。支撐區到壓力區之間的距離稱之為波段，距離短的稱之為小波段，距離長的就叫做大波段。

　　所以股價在這個壓力區域波動時，我們稱為相對高檔。因為這個壓力區域雖然處於波段新高，但是有可能在未來的日子裡被突破而再度形成新的高價，因此稱為相對的高檔。

相對的，股價在支撐區域波動時，我們稱之為相對低檔，因為這個支撐區形成的低價未必是永久的低價，當股價跌破支撐區時，將再度創造新的低價，因此稱為相對的低檔。

當壓力區被強大的買氣推升突破走高時，這時在這個壓力區之上就會再度形成一個新的壓力區，原本的壓力區就會變成新的支撐區。相對的，當支撐區被打壓跌落而破底時，這個支撐區就會轉變成一個新的壓力區，而股價將會在原本的支撐區之下形成新的支撐區，這種現象就是大多數人所說的「支撐變壓力，壓力變支撐」。

接下來，我們要來學習如何判斷有效的支撐區域及壓力區域：

1 支撐區域：

1. 股價經歷過大幅的下跌。

2. 在一個較小的交易區間內橫向來回，波動幅度不大。

3. 大多由多根小陽線、小陰線或是十字線組合而成，並帶有長下影線。

4. 成交量有逐漸縮小並維持低量交易，股價沒有持續創新低。

5. 在一個區間內橫向整理一陣子後，出現帶量中長陽線，並突破盤整時的最高價。

6. 反彈至少要超過 3% 以上，成交量逐漸放大並超越盤整時的成交量，股價因而結束支撐區域盤整走勢。

2 壓力區域：

1. 股價經歷過大幅的上漲。

2. 在一個較大的交易區間內震盪，波動幅度較大。

3. 大多由多根中長陽線、中長陰線或是倒 T 字線組合而成，並帶有長上影線。

4. 成交量呈不規則的放大並維持大量交易，但股價沒有持續再創新高。

5. 在一個區間內橫向整理一陣子後，出現帶量中長陰線，並跌破高檔盤整時的最低價。

6. 下挫至少要超過 3% 以上，成交量剛開始呈放大狀態，隨著股價下跌幅度多寡而慢慢變成逐漸量縮，股價因而結束壓力區域震盪走勢。

股價經過大幅下跌，媒體與投資者就會天天探討底部現象，何時見底？反之，股價大幅上漲以後，就會不斷的探討頂部現象，何時是這波上漲的滿足點？

事實上，這些決定主要是在於市場多空力量的延伸變化，與其說頂部、底部，不如說是高檔轉折與低檔轉折更為貼切。

大盤波動的幾個特色

1 高檔怕震，低檔怕盤

指數波動不大，但個股波動相對大時，漲多的壓力就會相對變大。一般來說，股價高檔震盪幅度在漲跌 3% 之內是正常，但重點是不可出現爆量情況，不然有主力偷跑的可能。正所謂「高檔怕震」，因為好出貨，雖也有可能是洗籌碼，把不穩定的籌碼洗掉，但這還是需要量縮做確認。

投資者操作股票時如遇到震盪出量，還是需要先避開，如確認是洗盤後有繼續上攻的機會時，那時候再進場也不遲，畢竟小資金操作主要是以靈活取勝。

至於低檔怕盤，主要是個股如果出現盤整走勢時，表示沒人照顧與介入，若有風吹草動就有下殺的可能，正所謂「盤久必跌」，就是這個道理。而散戶進場買賣股票，最大的原因是賺價差，並非長期持有，因此盤整的股票就容易受到散戶的賣出而下跌。但是如果股價是在高檔出現盤整時，

由於預期股價有機會繼續走高，因此反而會出現籌碼穩定的狀況。

2 新手怕跌，老手怕盤，高手怕不跌

　　剛進入股市的新手，往往只看到獲利的甜美，而忽視風險的可怕，殊不知賺錢與虧錢是同時並存的，因此當操作股票出現相反走勢時就會心慌意亂。當理性被恐懼所代替時，這時候的決策總是錯誤的，加上毫無章法的操作，最後總是虧損大半資金出場，所以新手最怕買完股票後股價下跌。

　　老手怕股價盤整，做多也不是、做空也不行，搶短風險太高，因此盤整對老手而言是相當痛苦的。過去流行做電子股的時候，電子產業有一個特色就是「五窮六絕七上吊」，意思是指電子股在這幾個月業績都不好，反映在股價波動上也會變得相當牛皮盤整，這時很多老手就會去度假，暫時離開市場，以致於個股成交量的萎縮。

　　高手怕不跌，越跌越有機會出現反彈，跌得越深相對的投資成本越低，獲利的空間就越大。因此，投資者經由坦然面對股票操作出現反方向，進化成擔心盤整沒行情，到最後就可以變成當股價下跌時，很多散戶擔心崩盤，但你卻是心裡盤算如何趁機賺一大筆的高手。只要學習到高檔有股可賣，低檔有錢可買的境界就算很成功。

5-2 股價生命週期概述

在股票市場中，股價出現飆漲及下跌走勢的時間比較短，大部分比較長的時間點落在高低檔區的盤整震盪，因此投資者如能事先掌握股價於盤整區即將變盤所發出的訊息，就可以搶得股價飆漲的先機。同時如可以知道主力的操作手法，那麼就可以免於被套牢的機會。

從古到今，不管主力是個人還是法人，炒作股票的步驟總是進貨、拉升股價、出貨，通俗一點的說法，就稱為養、套、殺。只不過法人總是愛選擇績優股慢慢長時間的拉抬股票，在低檔發布不看好該公司前景報告，並且趁機逢低吸納股票。

在高檔發布該公司未來前景一片光明時，吸引散戶進場並大量賣出該公司股票，個人主力作手就喜歡挑選股本低、好拉抬的小型股，部分作手結合公司派及媒體投顧老師，一樣也是養套殺散戶。因此，投資者有必要了解主力的操作手法，可以避開高檔被套的風險。

1 底部盤整時期：主力在此暗中買進股票，為了怕被發現，主力會採用分批進貨的方式買進，因此成交量相當平均，以免驚動眼尖的投資人。如果真有人發現跟買時，主力會反手殺出，逼迫跟買的投資者出場，再盤整一段時間再拉抬，這時的股價就會在一定的區間內，形成上有壓力下有支撐的交易區間。

2 第一主升段開始（圖 5-2-2）：當主力股票買得差不多的時候，這時需要投資者進場參與炒熱氣氛，不然自拉自唱也賺不了錢，而昭告大眾最好的方式就是讓此股的股價突然間閃亮起來，這時候主力會將股價以長紅陽線帶大量的方式突破盤整時的壓力區，通常會有10 至 50% 的漲幅。

圖 5-2-1 底部盤整時期成交量穩定

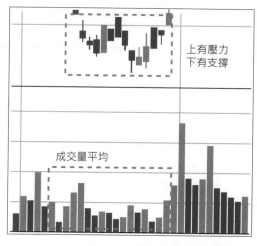

上有壓力
下有支撐

成交量平均

資料來源：康和 e 閃電

圖 5-2-2 主升段成形

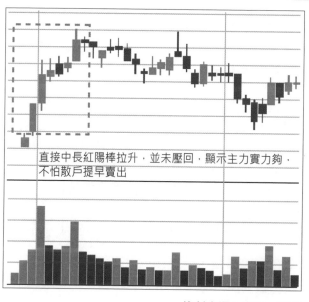

直接中長紅陽棒拉升，並未壓回，顯示主力實力夠，
不怕散戶提早賣出

資料來源：康和 e 閃電

CH.05 趨勢確認的方法（一）

但主力為使搭轎的散戶成本提高，減輕往後拉抬時的賣壓，會將股價壓回至接近盤整區時壓力區頂部附近，然後再次拉抬股價，用低進高出的方式推升股價走高。此時成交量不斷的放大，利多的訊息也大幅被報導，散戶的參與率也增多，至此股價日趨活絡，主升段形成。

3 中段整理時期：經過主力的強勢拉抬，加上股價也有出現明顯的漲幅，參與的散戶明顯增加，而獲利也相當可觀。主力為使股價能再更進一步的走高，並在拉抬時減低賣壓，於是進行中段處理，將短多的浮額誘出，使籌碼重歸穩定。此時成交量隨整理型態的進行而呈現量縮，直到量縮到底部盤整時期的成交量大小差不多時，中段整理就告結束。

4 第二主升段開始（圖 5-2-4）：股價在經過中期整理完畢後，主力再度繼續掌控該股的走勢，在成交量不斷的呈現鋸齒狀擴大的情況下，主力展開漲勢凌厲的大攻擊行動，此時第二主升段開始出現。由於股價表現強勁，甚至會出現跳空漲停的情況，此時的成交量有時並不見得會隨股價走高而放大。

因為市場大眾一致看好該股的後勢發展，也或許是籌碼已被完全掌控，造成流通的股票量少，買的人多而造成供需失調，在末期時成交量巨幅萎縮，出現軋空成交量。

5 轉折下跌時期：股價在經過主力拉抬走高後，帳面上已累積不小的獲利，但由於主力持股數量龐大，很難在一日之內出清完畢，因此常會採用拉高震盪出貨的方式，邊拉邊出貨。這種障眼手法讓散戶摸不著頭緒，分不清楚是出貨還是洗籌碼後再攻一波，投資者可以利用觀察一些小細節來判斷是否出現高檔轉折：

1. 出現大筆的轉帳或是公司大股東有大量的申報賣股票。

2. 股價雖在高檔震盪，但在接近最高價時總會出現大的成交量，但無法再創新高價，或是持續出現超過 3 根以上長上影線的 K 線。

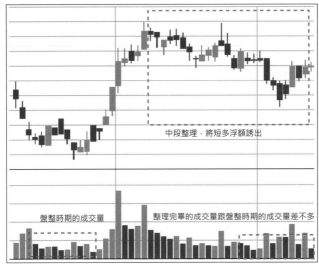

圖 5-2-3　中段整理時期

中段整理，將短多浮額誘出

盤整時期的成交量

整理完畢的成交量跟盤整時期的成交量差不多

資料來源：康和 e 閃電

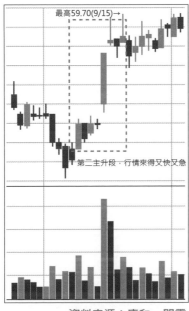

圖 5-2-4　第二主升段展開

最高59.70(9/15)→

第二主升段，行情來得又快又急

資料來源：康和 e 閃電

3.　天價配合天量，短期股價即使回升，最高價附近的價位不再出現。

4.　股價跌破高檔區域支撐的頸線，成交量隨股價買盤買氣減弱而減少。

5.　高檔出現轉空的K線組合形態，或是連續出現4根帶量中長陰線。

6 下跌時出現的逃命線：當股價跌破高檔支撐頸線時，短期之內會出現一波急拉的反彈行情。這種反彈的走勢如果勢強的話，最多只反彈到接近支撐的頸線附近，勢弱的話就只會是意思一下而已。

這時候的投資人若不能及時出脫持股，短則套牢幾個月，長則會套牢半年以上都有可能。而空手者不宜在空頭組合型態出現時貿然想搶反彈，必須經盤整確認底部組合型態完成時，才有再上漲的機會。

圖 5-2-5　開始轉折下跌

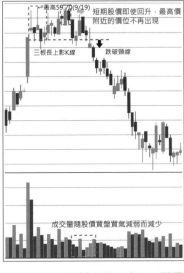

最高59.70(9/19)

短期股價即使回升,最高價
附近的價位不再出現

三根長上影K線

跌破頸線

成交量隨股價買盤買氣減弱而減少

資料來源:康和 e 閃電

圖 5-2-6　下跌出現逃命線

←最高59.70(9/19)

部分的技術分析者認為這才算是逃命線

下跌中的逃命線

下跌中途出現連4根中長陰線,
有加速趕底意味

底部出現多根長下影線K線,股價未再破底,是打底盤整形態

資料來源:康和 e 閃電

CH.05　趨勢確認的方法（一）

198
—
199

如何提早知道
趨勢反轉

做股票無非就是做**趨勢**，趨勢線是一種簡明的工具，使我們能夠清楚地跟隨**趨勢**，同時避免逆勢操作。一個有效的**趨勢線**必須是一個波峰和一個波谷或一個波谷之間的連接，一旦支撐和壓力**趨勢線**被突破或跌落，其多空角色就會相互轉換，上升趨勢線一旦被有效跌破就演化成了壓力線，下降**趨勢線**一旦被有效向上突破，就演變成了有效的支撐線。

趨勢線是技術分析中最常用的一種指標工具，它通過連接某種金融商品過往價格形成的一條傾斜的直線，來預測價格未來的**趨勢**，以及判斷**趨勢**發展過程中的支撐和壓力。

投資人透過商品過往價格的高點或低點畫出直線，透過直線方向就可以預測行情走勢是否持續。當價格還在**趨勢線**的軌道裡時，就會繼續沿著**趨勢線**前進，一旦突破，將轉變成另一個相反走勢。

圖 5-3-1 指數跌破上升趨勢線轉為下跌走勢

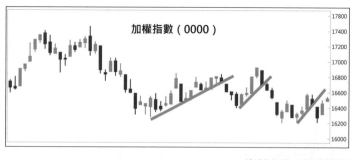

資料來源：作者整理

為何趨勢線可以形成支撐與壓力作用

股價在交易一段時間內會有很多個高低點產生，因此，當價格逐漸上升時，將低點與次低點連接，就會形成一條向上傾斜的直線，稱為上升趨勢線。當股價漲多向下回檔，都很有可能在上升趨勢線附近止跌，形成買入信號，因此許多人將上升趨勢線視為支撐線。

但如果價格跌破上升趨勢線，就會被視為賣出信號。反之，當股價開始往下時，將高點與次高點連接時，就會形成一條向下傾斜的直線，稱為下降趨勢線，也被稱為壓力線。當股價跌多反彈時，很有可能反彈到下降趨勢線就會開始回檔。但如果價格往上突破下降趨勢線，很有可能價格反轉向上，因此突破時視為買入信號。

圖 5-3-2	前面股價遇到下降壓力線走弱，後面股價遇到上升趨勢線反彈，上升趨勢線和下降壓力線形成支撐與壓力效果

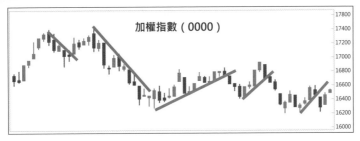

資料來源：作者整理

何謂上升趨勢線？何謂下降趨勢線？

上升趨勢線：連接一段上升趨勢的低點和次低點的向上傾斜的直線，價格漲多回檔至上升趨勢線持穩時，是逢低買入的信號；價格如跌破上升趨勢時，則是賣出的信號。

下降趨勢線：連接一段下降趨勢的高點和次高點的向下傾斜的直線，價格反彈至下降趨勢線持穩時，是逢高賣出的信號；價格如跌破上升趨勢時，則是買入的信號。

圖 5-3-3 股價沿著上升趨勢線前進，也沿著下降壓力線走低，一旦突破下降壓力線時翻多

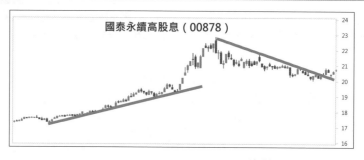

資料來源：作者整理

Chapter 06

趨勢確認的方法（二）
成交量與籌碼的流向追蹤

　　技術分析的主要分類分別為：型態與指標，型態的判斷容易因個人的主觀意識作祟及經驗的不足，結果與最終走勢有時天差地遠，此時，需要指標的輔助搭配成交量來掌握買賣進出點，避免誤判誤用。再加上簡單的判斷外資及大股東持股狀況，在股市的操作將勝券在握！

一眼看穿價量變化與
股市走勢關係解析

　　當成交量出現某些型態搭配 K 線組合時，可增加預測未來股價趨勢與方向，因此，華爾街有句名言：「股市裡充斥著各式各樣的騙子，只有『成交量』是唯一例外」。

1. **價漲量漲，買入信號：**成交量持續增加，股價趨勢也轉為上升，這是短中線最佳的買入信號。「價漲量漲」是最常見的多頭主動進攻模式，應積極進場買入與主力共舞。

2. **價漲量縮，繼續持有：**成交量減少，股價仍在繼續上升，適宜繼續持股，即使籌碼被完全鎖定，也只能是小資金短線參與，因為股價已經有了相當的漲幅，接近上漲末期了。有時在上漲初期也會出現「價漲量縮」，但可能是曇花一現，經過補量後仍有上漲空間。

3. **價跌量增，棄賣觀望：**股價經過長期大幅下跌之後，出現成交量增加，即使股價仍在下跌，也要慎重對待極度恐慌的「多殺多」情況產生。所以，此階段的操作原則是放棄賣出、空倉觀望。低價區的量增說明有資金接手，說明後期有望形成底部或反彈的產生，可以適時關注。有時若在趨勢逆轉跌勢的初期出現價跌量增，那麼更應果斷地清倉出局。

4. **價跌量縮，賣出信號：**成交量繼續減少，股價趨勢開始轉為下降，為賣出信號。此為無量下跌，底部遙遙無期。所謂「多頭不死、跌勢不止」，一直跌到多頭徹底喪失信心認賠殺出，爆出大的成交量時，跌勢才會停止。所以，在操作上，只要趨勢逆轉，應及時停損出場。

5. **價平量增，轉多信號：**股價經過持續下跌來到低檔區，出現成交量增加、股價回穩現象，此時，一般成交量的陽線明顯多於陰線，凸凹量差比較明顯，說明底部在積聚上漲動力，有主力在進貨為中線轉陽信號，可以適量買進持股待漲。有時也會在上升趨勢中途出現「價平量增」，則說明股價上漲暫時受挫，只要上升趨勢未破，一般整理後仍會有行情。

6. **價平量縮，警戒信號：**成交量顯著減少，股價經過長期大幅上漲之後，進行橫向整理不再上漲，此為警戒出貨的信號。此階段如果突發巨量拉出大陽或大陰線，無論有無利好利空消息，均應果斷出場。

表 6-1　成交量與股價相對位置判別

	底部區域	上漲途中	頂部區域	下跌途中
價漲量漲	看漲	看漲	看漲或加速趕頂	逃命線或多頭試圖反轉
價漲量縮	短線的小反彈	虛漲，有回跌的可能	漲不上去，有下跌可能	誘多或是空單回補
價跌量增	多頭醞釀反轉	多空爭鬥	多頭抵抗高檔獲利賣壓	多空爭鬥
價跌量縮	繼續整理或是空頭力竭	持股惜售，看漲	惜售或是醞釀變盤	看跌或空頭力量衰竭
價平量增	多頭醞釀	看跌	多頭力量衰竭	多頭醞釀
價平量縮	盤整	多頭換手	盤整或盤跌	看跌

資料來源：作者提供

6-2 如何由籌碼的追蹤發現即將上漲的潛力股

俗話說：「新手看價、老手看量；真正的股市專家看的是『籌碼』。」學會算籌碼，就可搭上主力或外資的順風車，跟著賺取波段財。藉由簡單的籌碼運算，掌握股價關鍵的轉折反轉點。

如何從籌碼面分析去搶得股票即將上漲的最佳時機點，可藉由以下的操作步驟，您也可在高檔選到便宜又會漲的好股。

1. **基本面及產業未來有發展的股票：**投資者可利用當下環境，找出未來較有上漲可能的個股，例如疫情爆發時的防疫股票，疫苗研發成功時的跌深航空旅遊股票，或是國家政策支持的環保綠能風電或是半導體產業鏈，都是選擇好標的。

2. **董監及外資持股狀況：**通常兩者相加應該維持在 50-70% 之間較為穩定，低於 50% 代表董監以及外資不是很認同公司發展的前景，高於 70% 以上則又像台積電一般，淪於外資掌控，股價不易出現大漲，但配股穩定就是。

從外資持股變化也能洞悉該股未來能否有上漲的潛力，以下列半導體個股為例，在 4 月時，外資＋董監持股比例為 56.3%，當時股價在 15.55。接著隨著外資不斷加碼，到了 7 月時，外資＋董監持股比例為 58.1%，當時股價在 22.35。

隨著行情走高，外資逢高減碼，10 月外資持股比例跌破 49%，但董監在 9 月時有增加持股，這代表大股東看好加碼，所以綜合研判，短線該股有壓但長線看好，投資者可以等拉回或外資再度持續加碼時再進場。

圖 6-2-1　董監與外資持股和是挑到好股的重要指標

匯出 XLS　匯出 HTML

月別	當月股價			發行張數(萬張)	非獨立董監持股					獨立董監持股					全體董監持股					外資持股(%)
	當月收盤	漲跌(元)	漲跌(%)		持股張數	持股(%)	持股增減	質押張數	質押(%)	持股張數	持股(%)	持股增減	質押張數	質押(%)	持股張數	持股(%)	持股增減	質押張數	質押(%)	
2020/10	30.65	+2.1	+7.4	1,242	-	-	-	-	-	-	-	-	-	-	-	-	-	-	-	48.6
2020/09	28.55	+7.35	+34.7	1,242	798,600	6.4	+19,385	175,239	21.9	0	0	0	0	0	798,600	6.4	+19,385	175,239	21.9	49.8
2020/08	21.2	-1.15	-5.1	1,222	779,215	6.4	0	175,239	22.5	0	0	0	0	0	779,215	6.4	0	175,239	22.5	50.6
2020/07	22.35	+6.45	+40.6	1,222	779,215	6.4	0	175,239	22.5	0	0	0	0	0	779,215	6.4	0	175,239	22.5	51.7
2020/06	15.9	+0.45	+2.9	1,222	779,215	6.4	0	175,239	22.5	0	0	0	0	0	779,215	6.4	0	175,239	22.5	51
2020/05	15.45	-0.1	-0.6	1,222	779,215	6.4	0	175,239	22.5	0	0	0	0	0	779,215	6.4	0	175,239	22.5	51.5
2020/04	15.55	+1.9	+13.9	1,177	779,215	6.6	0	175,239	22.5	0	0	0	0	0	779,215	6.6	0	175,239	22.5	49.7

資料來源：台灣股市資訊網

3. **千張持股比例變化：** 從散戶及大戶是站在對立面而言，50 張以下都算是散戶，而千張以上持股算是外資或是大股東，800-1000 張之間算是中實戶。

因此，如果 50 張以下的持股增加而千張持股減少，籌碼流向散戶行情易跌難漲。但如果相反，千張持股增加，50 張以下持股減少，則籌碼由散戶向外資或大股東靠攏，行情易漲難跌。如搭配行情走勢，則更容易清楚籌碼歸屬，通常千張持股比例低於 40%，表示股票流向散戶；如果處於 70%，則集中在大戶手中；高於 80% 以上，則又太過度集中，雖容易操控股價起跌，但不易出貨。

最好的千張持股比例是 40-70%，較易拉抬，超過 70%，如果大股東看好產業後市發展，則有籌碼集中續漲的機會。

圖 6-2-2 千張持股變化跟緊外資主力腳步

資料顯示：依持股比例顯示 ∨　　　　　　　　　　　　匯出 XLS　匯出 HTML

週別	統計日期	當月股價			各持股等級股東之持股比例 (%)							
		收盤	漲跌（元）	漲跌（%）	10張以下	10至50張	50至100張	100至200張	200至400張	400至800張	800至1千張	超過1千張
20W42		30.65	-1.55	-4.81	-	-	-	-	-	-	-	-
20W41	10/08	32.2	+3.65	+12.78	7.872	7.239	2.518	2.172	2.029	2.062	0.768	75.34
20W40	09/30	28.55	+3.55	+14.2	8.087	7.44	2.604	2.234	2.046	2.05	0.764	74.78
20W39	09/26	25	-0.8	-3.1	8.191	7.468	2.464	2.139	1.932	2.058	0.758	74.99
20W38	09/18	25.8	+2.8	+12.17	8.231	7.553	2.458	2.108	1.944	1.988	0.69	75.03
20W37	09/11	23	+1.55	+7.23	8.589	7.98	2.562	2.139	1.991	1.931	0.66	74.2
20W36	09/04	21.45	-0.45	-2.05	8.653	7.894	2.529	2.14	1.906	1.842	0.676	74.36
20W35	08/28	21.9	+0.1	+0.46	8.639	7.83	2.501	2.126	1.873	1.847	0.662	74.52
20W34	08/21	21.8	-1.75	-7.43	8.518	7.707	2.451	2.101	1.841	1.819	0.661	74.9
20W33	08/14	23.55	-2.05	-8.01	8.474	7.645	2.423	2.103	1.814	1.878	0.681	74.98

資料來源：台灣股市資訊網

Chapter 07

決定買賣價位的
關鍵指標（一）：
移動平均線

移動平均線是最常用的分析指標之一，它所反映的是過去一段時間內市場的平均成本變化情況，是市場預測未來走向的依據，同時也能藉以判斷支撐及壓力的位置。

葛南碧移動平均線八大買賣法則

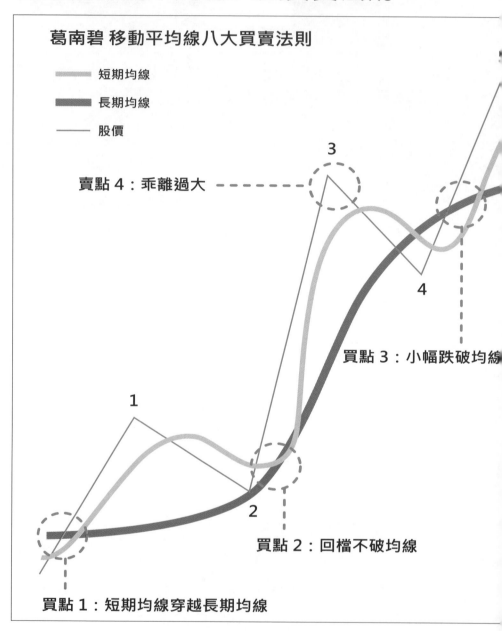

葛南碧 移動平均線八大買賣法則

━━━ 短期均線

━━━ 長期均線

─── 股價

賣點 4：乖離過大

3

4

買點 3：小幅跌破均線

1

2

買點 2：回檔不破均線

買點 1：短期均線穿越長期均線

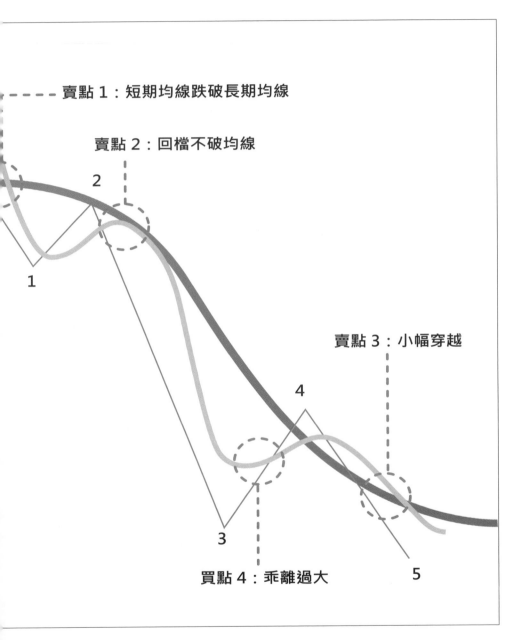

賣點 1：短期均線跌破長期均線

賣點 2：回檔不破均線

2

賣點 3：小幅穿越

4

1

3

買點 4：乖離過大

5

移動平均線的
類型及特性

移動平均線是不同期間內股價的平均數串聯而畫出的線圖，它可以告訴投資人大盤或是個股的移動方向。

移動平均線的分類

移動平均線可以依計算方法及週期來進行分類。以計算方法可以分為以下 3 類：

1 普通移動平均線：

在設定的時間距離內（5、10、20 天），將每日收盤價加總平均起來所得的結果就是普通的移動平均線。當新的收盤價加入時，則去掉最早的收盤價，然後將每日的收盤平均價串連起來，形成「移動平均線」。

2 加權移動平均線：

加權的意思是指因最近一日的收盤價，對未來的價格波動影響力最大，因此給予更大的加權分權。加權的作法通常是以時間的遠近乘上遞增的權數，以凸顯時間越近之收盤價的重要性。

3 指數移動平均線：

指數移動平均線也利用加權概念，一方面以平滑的方法計算移動平均數，另一方面則利用百分比的方式強調最近 1 個月的份量。

目前股票市場上的操作，以普通移動平均線為主，其他兩項較少人使用，除非是做研究性質才會用得上。

移動平均線的分類也可以根據計算週期長短加以區分：

1. 短期移動平均線：5 日、10 日、20 日

2. 中期移動平均線：30 日、60 日、90 日

3. 長期移動平均線：120 日、180 日、240 日

5 日平均線也稱為短線操作攻擊線，代表著個股或大盤一星期內的平均持有成本及上漲攻擊力量。短線操作很重視攻擊力量的強弱變化，5 日均線的往下，代表力量逐漸減弱，往上則代表力量的增強，因此對於短線操作投資者較具參考價值，中長線看的是趨勢，對 5 日均線依賴較低。

10 日平均線也稱為「短線操盤線」，當股價在 10 日均線之上，代表個股短期走勢是看漲，當股價在 10 日均線之下，代表個股短期走勢是看跌。

20 日平均線也稱為「主力控盤線」，當股價走多頭初升段時，在回檔盤整時的洗盤動作總是會跌破 5 日及 10 日均線，但通常會在 20 日線上守住不破，這代表主力心態上仍然偏多，待整理過後，股價還是會繼續走高。

30 日平均線也稱為「中級波段行情線」，在上漲的過程中，大盤或個股的回檔沒有跌破 30 日均線，那麼中級多頭的走勢仍然偏多。如果股價跌破 30 日均線，並且連續 3 天內都無法再站上，那麼代表中級多頭漲勢結束，行情將轉為空頭走勢。

在下跌的過程中，大盤或個股的回檔沒有突破 30 日均線，那麼中級空頭的走勢仍然持續。如果股價漲破 30 日均線，並且連續 3 天內都站上，那麼代表中級空頭跌勢結束，行情將轉為多頭走勢。

60 日平均線也稱為「穩健投資線」，對於不想冒太大投資風險的投資人而言，60 日均線是比較值得參考且風險較低的平均線。當股價由下往上穿越 60 日線時買進，股價由上往下跌破 60 日線時賣出，雖然風險較低，但可以操作的機會較少，不過可以當成長期持有股票的指標。

120 日稱為半年線與 240 日的年線，大部分都只是參考或當成多空頭走勢判斷作用，很少使用在真正的操作方面。相較於國人以 240 日的年線當成多空頭長期走勢判斷，歐美投資人則是以 200 天移動平均線為依據。股價在 200 天均線之下視為長期空頭走勢，股價在 200 天均線之上視為長期多頭走勢。

由上述各個不同天數的均線所傳達的意義，讀者可以得到一個概略的結論，大盤或個股跌破 30 日均線代表漲勢結束，跌破 60 日均線多頭市場動搖，跌破 120 日均線代表多頭走勢結束，跌破 240 日線則空頭走勢開始。當股價站上所有均線之上時，代表多頭上漲沒有阻力，漲勢將會更久更猛。

移動平均線除了以日為計算單位外，也可以用分鐘、小時、週、月、季、年當成計算的單位，分鐘及小時均線使用在極短線操作上判斷股價的強弱，週線和月線則是中長期操作的主要指標。

移動平均線的主要特性與型態：

投資人需隨時注意移動平均線的變化，不論是上檔的壓力或是下檔的支撐，在面臨轉折點時，更是重要的觀察指標。

1 特性：

1. 由於移動平均線能夠表明股價的運行*趨勢*，投資者可透過均線認清價格的*趨勢*方向，並追隨*趨勢*獲利。

2. 移動平均線不會隨著日 K 線上下起舞，而是起落得相當平穩，向上是緩緩走高，向下也是一樣。要當天改變均線行進方向並不容易，除非價格出現劇烈變動。

3. 越是長天期的移動平均線，越能顯示其安定的特性。也就是說移動平均線不會輕易地上上下下變動，必須在股價漲勢真正走出明朗化時，均線才會往上延伸，而當股價開始下跌初期，均線還是繼續往

上走，當跌勢較為明顯時，均線才會真正地反應往下，這是移動平均線最大的特色。當然長天期的安定性比短天期的安定性強。

4. 此外，安定性強是優點也是缺點，它會造成當股價產生反轉時，長天期的移動平均線反應常常過於遲緩，甚至落後盤勢變化。因此很多投資者喜歡設定短中長期的均線放在一起來加以判斷，這樣可彌補長天期均線滯後的特性。

5. 當股價向上突破或是向下跌破移動平均線時，實際上都可視為股價突破壓力或是跌落支撐的一種現象產生。由於移動平均線具有對股價形成壓力和支撐的特性，因此股價走高碰觸到長天期均線就會下跌，走跌時遇到長天期均線就會上揚，所以移動平均線也具備助漲助跌的特性。

6. 當股價短期之內上漲太快速時，與移動平均線分開太多，並形成相當大的開口空間，此時的股價很有機會向下修正，並尋求短天期及中天期均線的支持而加以碰觸。相對的，如果股價跌幅太大並與移動平均線分開太多，形成相當大的開口空間時，股價容易出現反彈並向上碰觸到短天期和中天期的均線，所以移動平均線也具備修正乖離的特性。

2 型態：

搭配移動平均線不同組合，而會有黃金交叉、死亡交叉等不同型態。

1. 黃金交叉：短期的移動平均線由下往上穿越中長期的移動平均線，所形成的交叉型態稱之為「黃金交叉」，例如 5 日均線由下往上穿越 10 日或 20 日均線，或是 30 日均線由下往上穿越 60 日均線都是黃金交叉形態。

黃金交叉是多頭強勢的表現，越是中長期均線產生黃金交叉，股價上漲的機率就越高，尤其是股價經歷過大幅度下跌後所產生的黃金交叉，更是明確的上漲訊息。

但是如果股市處於比較弱勢或是大幅震盪走勢時，這時產生 60 日均線穿越 120 日均線，或 120 日均線穿越 240 日均線，成為黃金交叉時，反而有可能會成為強弩之末的反指標，隨後有可能會產生下跌的風險。

因此也不是中長期均線產生黃金交叉就能預示股價將上漲，還要依據股市市況強弱及個股走勢和位置而論，這是投資者在判斷股價產生黃金交叉時，一定要清楚及注意的地方。

圖 7-1-1　黃金交叉

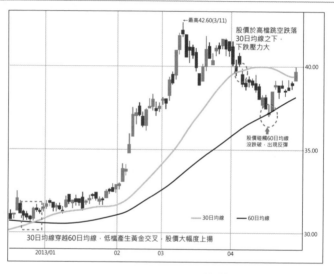

資料來源：康和 e 閃電

2.　死亡交叉：短期的移動平均線由上往下跌落中長期的移動平均線，所形成的交叉型態稱之為「死亡交叉」，例如 5 日均線由上往下跌落 10 日或 20 日均線，或是 30 日均線由上往下跌落 60 日均線，都是死亡交叉型態。

死亡交叉是空頭強勢的表現，越是中長期均線產生死亡交叉，股價下跌的機率就越高。尤其是股價經歷過大幅度上揚後所產生的死亡交叉，更是明確的下跌訊息。有時均線呈現死亡交叉時，股價仍會繼續走高形成背

離現象，但此種情況將隨著股價的下跌而獲得調整。尤其是股價在高檔震盪時更容易產生，投資者遇見此種狀況時，要小心應對。

圖 7-1-2 死亡交叉

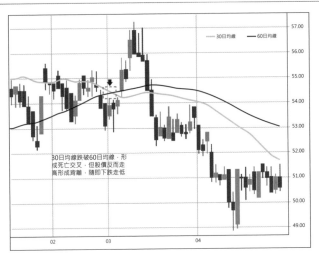

30日均線跌破60日均線，形成死亡交叉，但股價反而走高形成背離，隨即下跌走低

資料來源：康和 e 閃電

3. 移動平均線呈多頭排列：5 日、10 日、30 日、60 日的移動平均線從上而下依順序排列，並向著右上方發散開來，稱為多頭排列。

多頭排列是顯示市場投資者一致看好該股後勢走多，股價將會出現一波上漲走勢，而在漲勢過程中，多頭排列的移動平均線可以視為多方的下檔支撐線。當股價回檔至移動平均線附近時，各條移動平均線依次產生支撐力量托住股價，當買盤再度進場時，股價將脫離均線走高，這就是移動平均線的支撐及助漲的作用。

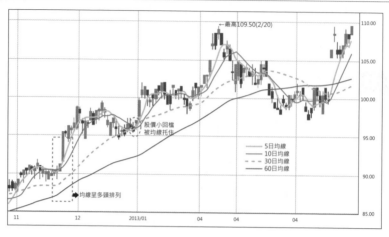

圖 7-1-3 移動平均線呈多頭排列

資料來源：康和 e 閃電

4. 移動平均線呈空頭排列：5 日、10 日、30 日、60 日的移動平均線從下而上依順序排列，並向著右下方發散開來，稱為空頭排列。

圖 7-1-4 移動平均線呈空頭排列

資料來源：康和 e 閃電

空頭排列是顯示市場投資者一致看壞該股後勢,股價將會出現一波下跌走勢,而在跌勢過程中,空頭排列的移動平均線可以視為空方的上檔壓力線。當股價上漲至移動平均線附近時,各條移動平均線依次產生阻止的力量蓋住股價,當賣壓再度湧現時,股價將受阻於均線壓力而走低,這就是移動平均線的壓力及助跌的作用。

移動平均線由上升轉為下跌的最高點,和由下跌轉為上漲時的最低點,稱為移動平均線的轉折點,其作用是為提醒股價走勢將發生轉折。

5. 均線由黏在一起轉為向上發散:股價經大幅下跌後,慢慢地在底部橫盤打底,這時的移動平均線將由空頭排列慢慢變成糾結黏合在一起的狀態,這種底部整理盤整的時間,有時長達數月之久,這時候均線也會跟著變成多條線絞在一起的狀態,但隨著時間過去,股價慢慢轉變成多頭型態,這時的均線也會變為多頭排列型態。

當成交量開始放大,K線的陽線慢慢增多,且多為中長陽線型態時,這意味著股價已經整理完畢,新的多頭走勢誕生,投資者可以放心的大膽介入買進,因為股價不久就會出現大漲的行情。

圖 7-1-5　均線向上發散

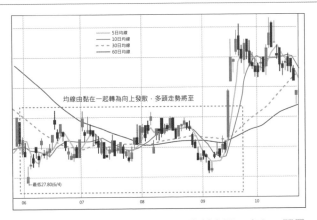

資料來源:康和 e 閃電

6. 均線由黏在一起轉為向下發散：股價經大幅上漲後，慢慢地在頂部橫盤震盪，這時的移動平均線將由多頭排列慢慢變成糾結黏合在一起的狀態，這種頂部整理盤整的時間應該不會太久，這時候均線也會跟著變成多條線絞在一起狀態。但隨著時間過去，股價慢慢轉變成空頭型態，這時的均線也會變為空頭排列型態。

當成交量開始放大，K 線的陰線慢慢增多，且多為中長陰線型態時，這意味著股價已經整理完畢，新的下跌走勢誕生，投資者可以逢高減碼或放空，因為股價不久就會出現下跌的行情。

圖 7-1-6 均線向下發散

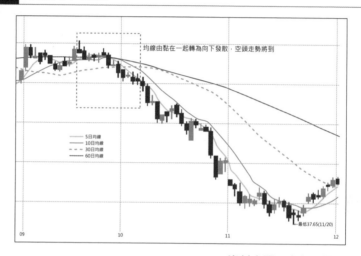

資料來源：康和 e 閃電

7. 利用移動平均線週線來過濾股市中頻繁的股價波動，更準確地反應股市中期趨勢，用週均線來判斷中長期走勢準確性更高，適合中長線投資者採用。

使用週均線的操作買賣股票，主要也是以黃金交叉或死亡交叉為主要進出依據。

（A）當 5 週均線由下往上穿越 10 週均線時是買入時機，且買入後

一般可以繼續持股一段時間，此時投資者不用理會日均線及日K線的短線走勢，因為主力可以影響日線的短期走勢，但無法改變股價的中長期趨勢。

　　投資者有時天天觀盤容易被影響，而隨主力手法起舞，進而追高殺低造成虧損，所以當股價在高低檔位置區域出現相反的買賣訊息時，投資者不妨看看週均線走勢後再下判斷。

圖 7-1-7 買入後股價持續向上

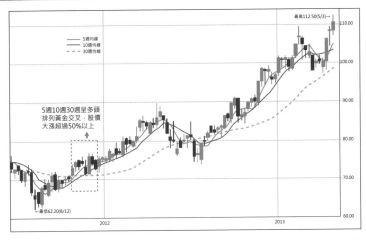

資料來源：康和 e 閃電

　　如果週均線在低檔區域出現黃金交叉，投資者就可以放心買進股票，如果 5 週穿越 10 週均線後，又再度穿越 30 週均線，形成多頭均線排列時，那麼股價就可能出現高達 50% 以上的反彈走勢，是中長線投資買入的機會點。

　　（B）當 5 週均線由上往下跌落 10 週均線時是賣出時機，且賣出後一般還會繼續下跌一段時間，此時投資者不用理會日均線及日K線的短線走勢。如果週均線出現死亡交叉，但日K線卻出現向上走高時，則有可能是主力假造多方線型，以圖出貨拉高出貨。

圖 7-1-8 週均線出現死亡交叉，而且均線走高，可能是主力騙線的結果

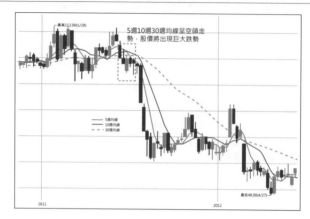

資料來源：康和 e 閃電

　　如果週均線在高檔區域出現死亡交叉，投資者就必須果決地賣出股票。如果 5 週跌落 10 週均線後又再度跌落 30 週均線，形成空頭均線排列時，那麼股價就可能出現大幅下跌走勢，股價將出現中長期空頭走勢。

葛南碧移動平均線
八大買賣法則

依照葛南碧移動平均線法則，在短期均線與長期均線的變動之間，總共會出現 8 個買進及賣出訊號，可以作為操作股價的依據。

葛南碧（Granvile）移動平均線八大買賣法則，是投資者利用均線操作買賣股票時的判斷依據。根據葛南碧的法則提示，短期均線和長期均線與股價變動之間會產生 4 個買進訊號與 4 個賣出訊號（見 224 頁圖），投資者只要依據訊號的指示操作股價，就可以掌握股價的趨勢變化，獲取不錯的利潤。

買點 1：股價於低檔出現長期均線走平而短期均線由下往上穿越，形成黃金交叉，此時股價開始出現緩步走高，但幅度不大並站上均線之上，此時可以逢低買進。（圖 7-2-1）

買點 2：股價上漲一波後，短期均線回檔下彎，但長期均線仍持續走高，在短期均線沒有跌破長期均線，且股價突破短期均線下，可以加碼買進。（圖 7-2-2）

買點 3：短期均線下彎跌破長期均線，但長期均線依然向上走高趨勢未變，待短期均線由下往上再度穿越長期均線時買進。

買點 4：短期均線跌落長期均線有段距離形成乖離，但長期均線還是走揚，短期均線在整理後再度由下往上穿越長期均線時買進。

圖 7-2-1 短期均線穿越長期均線，站上均線，則為買點

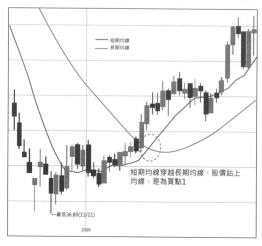

資料來源：康和 e 閃電

圖 7-2-2 短期均線下彎但長期向上趨勢不變

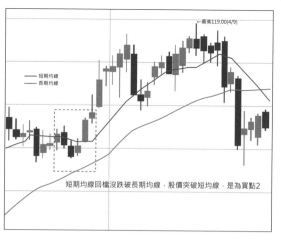

資料來源：康和 e 閃電

股市狙擊手的高勝率 SOP

圖 7-2-3 短期均線跌落長期均線形成乖離

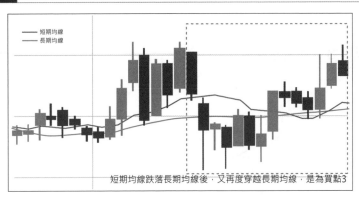

短期均線跌落長期均線後，又再度穿越長期均線，是為買點3

資料來源：康和 e 閃電

圖 7-2-4 再度穿越時則為買點

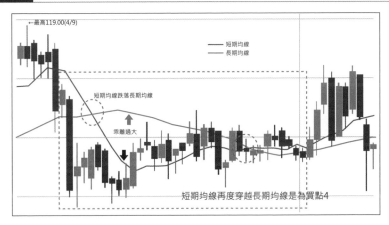

資料來源：康和 e 閃電

賣點 1：股價於高檔出現長期均線走平，短期均線由上往下跌破均線，股價也跌落在短期均線之下，此時可以尋求高點賣出股票。

圖 7-2-5 尋求高檔時賣出

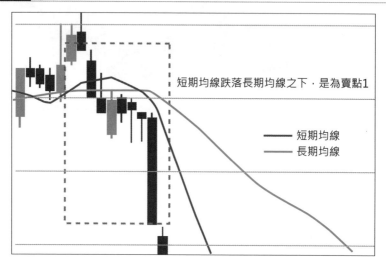

短期均線跌落長期均線之下，是為賣點1

—— 短期均線
—— 長期均線

資料來源：康和 e 閃電

賣點 2：短期均線回檔上揚但長期均線仍持續走跌，在短期均線無法穿越長期均線，且股價跌落在短期均線下，可以加碼賣出。

圖 7-2-6 股價跌落短期均線下，可以加碼賣出

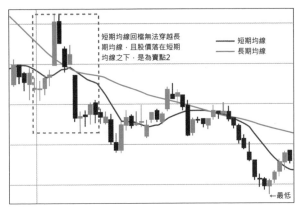

資料來源：康和 e 閃電

　　賣點 3：短期均線向上穿越長期均線，但長期均線依然持續下跌趨勢未變，待短期均線由上往下再度跌落長期均線時，且股價居於短期均線之下賣出。

圖 7-2-7 股價在短期均線之下賣出

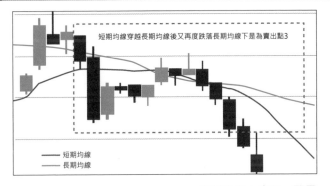

資料來源：康和 e 閃電

賣點4：短期均線穿越長期均線有段距離形成乖離，但長期均線還是走跌，短期均線在整理後再度由上往下跌落長期均線時賣出。

圖 7-2-8　短期均線整理後跌落長期均線後賣出

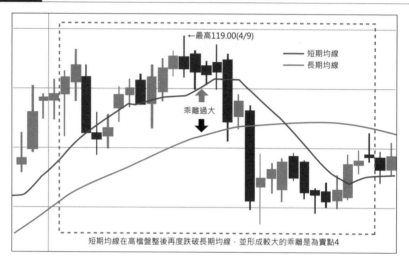

←最高119.00(4/9)

短期均線

長期均線

乖離過大

短期均線在高檔盤整後再度跌破長期均線，並形成較大的乖離是為賣點4

資料來源：康和 e 閃電

7-3 移動平均線的運用類型

市場上對移動平均線的運用，由單一移動平均線到多達 4 條線形同時使用，而其運用各有巧妙不同。

單一移動平均線

單一移動平均線是投資者在操作股票買賣時，最簡單且效用最佳的買賣均線，其最大的作用是用來確認長期趨勢的多空頭判斷，較少使用在當日短線操作指標。過去曾有技術分析機構，以單一移動平均線觀察紐約股票指數（NYFE）過去 75 年的趨勢發現，以 12 個月循環為時距，作為商品波動循環獲利相當好，也就是利用年線作為長期操作的買賣依據。

圖 7-3-1 單一移動平均線

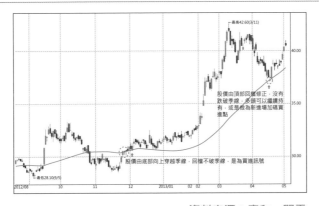

股價由頂部回檔修正，沒有跌破季線，多頭可以繼續持有，或是做為新進場加碼買進點

股價由底部向上穿越季線，回檔不破季線，是為買進訊號

資料來源：康和 e 閃電

台灣股市屬於淺碟市場，容易受外在因素干擾而快速改變原有趨勢，因此年線的長期操作方式，不見得適合台灣投資者作為長期操作的依歸。根據本人的操作經驗分析，中長線投資者比較好的操作均線可以採用季線操作比較合適，也就是 60 日均線來操作買賣股票。

　　價格站上季線之上則進場買進，價格跌落季線之下則賣出，避免在牛皮市況時買賣。季線操作除了可以保持資金的靈活度外，也可以避開股價跌破年線停損時的巨大虧損。

兩條移動平均線

　　這是目前股票市場最受歡迎的運用方式，兩條均線分別為長期均線，用來確認趨勢走向，另一條短期均線是用來尋求進場時機。當短期均線穿越長期均線時買進，當短期均線跌落長期均線時賣出。

　　根據本人的操作經驗分析，兩條均線採用 10 日與 30 日均線較為適合，因為 5 日均線太容易出現騙線的穿越或跌落，而 30 日均線比較可以判斷中波段多空行情的轉變。就大多數的研究顯示，兩條均線較其他技術指標獲利率高，但有時股市呈現上下震盪或牛皮盤整時，誤判而造成的虧損不小。

圖 7-3-2　短期均線穿越長期均線時買進

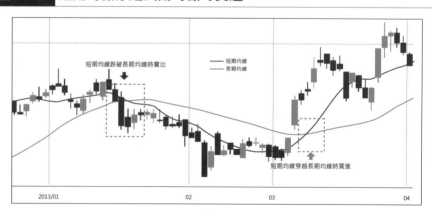

資料來源：康和 e 閃電

三條移動平均線

三條均線透析更多的操作訊號，目前市場上比較多投資者採用 5 日、10 日及 30 日均線當作操作指標。一般而言，當 5 日均線向上穿越 10 日均線時，代表股價有築底的現象產生；而當 5 日均線由上往下跌落 10 日均線時，顯示行情將由高檔產生回檔現象。至於整體趨勢的反轉判斷，則需待 5 日及 10 日均線皆向上（或向下）交叉 30 日均線時，才能被確認。

三條均線的運用上比單一條或是兩條均線占優勢，主要是三條均線的中間地帶可作為操作時中立的觀察區域。例如，當 5 日的均線由下而上穿越 10 日均線時，代表行情即將轉多，此時融券放空的投資者可以將空單回補，出場觀望，直到 10 日均線也穿越 30 日均線時，再進場買進股票。投資者應當體認一個重點就是，出場時機的掌握經常是操作成敗的重要關鍵。

圖 7-3-3 ｜ 三條移動平均線

資料來源：康和 e 閃電

四條移動平均線

市場投資者很少會用到四條移動平均線來當作操作指標，由於判斷上比較容易出現誤判情況，因此使用四條均線又能賺錢的投資者應該都是屬於高手等級。

一般而言，四條均線中有兩條是屬於長期均線，有兩條是屬於短期均線，兩條短期均線是作為尋求進出場時機之用，兩條長期均線則是作為確認多空趨勢及方向之用。操作上以長期均線顯示的趨勢順勢操作，不可逆勢進出。而當趨勢不明時，則退場觀望，這樣就可以避開盤整時輕易進出被套牢的風險。

　　四條均線依其不同的走勢，有可能出現以下幾種變化：

A. 4條均線交叉向上呈多頭排列：行情將出現大多頭走勢

B. 4條均線交叉向下呈空頭排列：行情將出現大空頭走勢

C. 2條短期均線向上但2條長期均線向下：跌深後的反彈，股價在反彈後還是會向下尋求底部的支撐。

D. 2條短期均線向下但2條長期均線向上：漲多後的短期調整，股價將會向下尋求長期均線的支持後，再度上攻走高。

圖 7-3-4　4 條移動平均線交叉向上

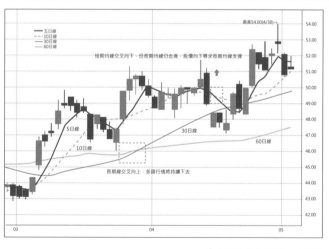

資料來源：康和 e 閃電

移動平均線操作訊號的過濾

由於移動平均線具有停滯性或是假突破騙線的缺點，因此投資者在判斷上必須過濾無效的訊息，判斷出確切的走勢後，方可進場買賣股票。如何確認均線顯示出來的訊息是有效還是騙線的反應呢？投資者可以由以下兩點來研判：

1 價格過濾法：價格過濾是指股價突破均線的幅度，前面提到均線具有技術分析上的支撐與壓力的功能。當股價向上突破均線代表行情轉多，股價向下跌破均線代表行情轉空，但很多時候出現所謂假突破真拉回的騙線戲碼，因此股價有效的突破均線壓力或是跌破均線支撐的幅度，一般都以超過均線 3% 以上為明確轉折訊號，也可以收盤價逆勢收紅（或收黑）作為行情反轉的趨勢訊號。

圖 7-3-5　均線走勢確認後，要觀察 3 到 5 天進行確認

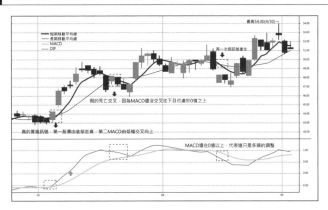

資料來源：康和 e 閃電

2 時間過濾法：時間過濾是指均線交叉後，投資者必須觀察一定的時間後，才可以確認新的走勢產生，一般多以 1 至 5 天作為觀察期。

目前市場上大都以 3 天為主要觀察期。假如股價在很短的觀察期之內站穩在交叉後的均線之上，代表行情翻多的趨勢大致可確定，反之亦然。當然觀察期越長，進場時機越慢，相對買進的成本就越高，不過卻可避開騙線的陷阱及套牢風險，如何拿捏可視本身的風險承受度適時調整。

移動平均線操作祕技

◆ 判讀移動平均線的進階 8 法則

1. 移動平均線是作為衡量主力成本重要的參考指標，作為趨勢判斷的時間週期越長越有效。

2. 當均線形成多頭排列後，短期均線（5 日均線）才是作為持股的依據，但是並不是真正的買賣點。很多熟悉均線操作的高手，會使用很多技術指標輔助均線來選股（例如 MACD），就是因為均線其實並不是真正的買賣依據。

3. 均線的交叉轉折必須搭配 K 線所在位置是底部還是頂部區域，這將是重要的買賣判斷，也就是持股長短的依據。

4. 短期均線出現黃金交叉或死亡交叉，不見得會改變原本的趨勢，長期均線及市場資金能量變化才是主要關鍵。

5. 投資者在均線交叉時進場買進股票，當股價跌破均線之下時，一定要做停損。

6. 在日線上使用 5 日、10 日、30 日、60 日均線；在週線上使用 5 週線、10 週線、30 週線、60 週線、181 週線；在月線上使用 5 月線、10 月線、30 月線、60 月線。

7. 5 日均線和 10 日均線是短線操盤用的，30 日均線和 60 日均線是判斷趨勢用的。

8. 強勢股跌破 3 日均線代表漲勢停止，跌破 5 日線就有回檔調整的

可能。

◆ 搭配 MACD 準上加準

　　根據移動平均線操作祕技第二項做加強說明，希望可以幫助投資者在判別均線的真假訊號及操作上更為清楚、更為明瞭。

　　當投資者面對均線交叉時，可以先觀察 MACD 是否也是交叉向上，如果是則可以增加趨勢走強的勝算，但是 MACD 指標一定要在 0 值以上才行。也就是正值的 MACD 搭配黃金交叉才是真正的多頭，如果是負值的 MACD 搭配黃金交叉，那就有可能出現騙線或是小反彈行情。相反的，如果死亡交叉是出現在正值的 MACD 範圍之內，那麼這個訊號有可能是騙線，原本的多頭走勢還在繼續進行中。

決定買賣價位的
關鍵指標（二）：
KD、MACD、DMI

　　協助預測股價走向的工具有數十種，其中最常用的是 K 線及平均線，只用這兩種工具，在許多極端的情況下，無法觀測出想要的結果，通常還必須要以 KD、MACD、DMI 來輔助。

各項基本工具的作用與判斷方法

名稱	作用	判斷方法
K線	股價變動徵兆	以K線組合、型態找到有潛力的個股（見第3、4章）
移動平均線	趨勢的判斷	短期均線交叉向上代表股市向上，短期均線交叉向下代表股市向下。（見第7章）
MACD	趨勢的確認	線型交叉向上代表股市向上，線型交叉向下代表股市向下。柱狀體由藍轉黑，空方控盤，柱狀體由黑轉藍，多方控盤，柱狀體越長代表多或空的力道越強。（見第8章）
KD	股價位於相對高檔或低檔，輔助MACD判斷趨勢轉變與否	20以下屬超賣區可以做多，80以上屬於超買區可以做空，KD線的K線可以藉由兩低點或高點畫出趨勢線，作為短線進出依據。（見第8章）
DMI	趨勢的強度	+DI穿越 -DI做多，-DI穿越 +DI做空，ADX超越25有大行情。

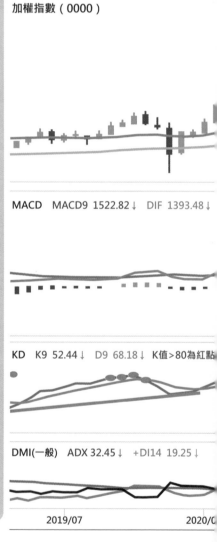

加權指數（0000）

MACD　MACD9 1522.82↓　DIF 1393.48↓

KD　K9 52.44↓　D9 68.18↓　K值>80為紅點

DMI(一般)　ADX 32.45↓　+DI14 19.25↓

2019/07　　　　2020/0

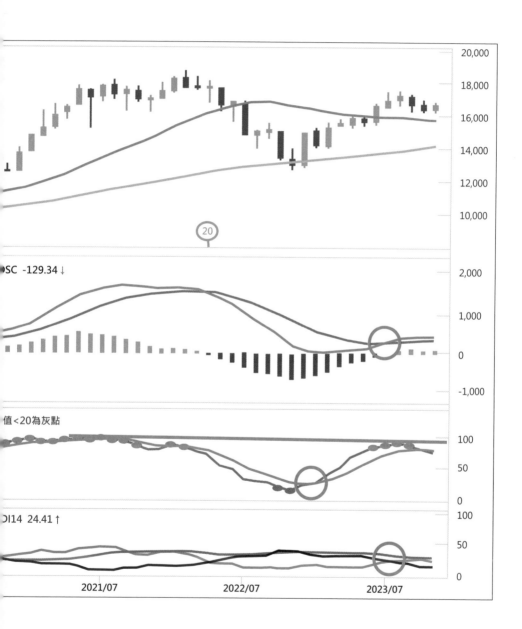

SC -129.34 ↓

值<20為灰點

DI14 24.41 ↑

2021/07   2022/07   2023/07

用複雜公式算出來的指標往往反應遲鈍，因此讀者不妨以代表價及量的指標開始，讓自己可以下意識地反應及變化。

18歲那年想要考汽車駕照，當時要考照都要去駕訓班學習開車技巧，把車子的操作摸熟之後才有資格去監理所考照。當時駕訓班提供的練習車輛都是手排車，我必須學會如何換檔、踩離合器、如何加油與煞車。

初次開車總是手忙腳亂，一旦太快放開離合器，汽車就會熄火，油門加太大但離合器沒控制好也會熄火。我花了不少時間及功夫，才學會慢慢放鬆離合器並輕踩油門，接著才會換檔，然後才有資格去考駕照。當然路邊停車、上坡起步等基本考照項目也需要熟練才行。

考上駕照並實際開車上路一段時間後，一切都很駕輕就熟，我很少在開車的過程中想到操作汽車的程序，換檔、加速、煞車，這些動作可以說已經成為我的自然反應。但會開車只是徒弟，可以面對路上突發狀況才是師傅。

在我開車多年的經驗中，最驚險的事莫過於在高速公路上爆胎。當時車子正高速行進，但感覺輪胎磨擦地面卡卡的，直覺就是往路肩靠近並減速，隨即車胎爆破，車子開始劇烈上下震動，我緊緊抓住方向盤並慢慢滑向路肩停止，終於避開一場災難發生。

對於想要學習操作股票的投資人而言，整體的過程有如學開車一般，看懂並學會技術分析有如良好的控制離合器與油門；將小筆資金投入股市，並利用技術分析的知識取得獲利，就有如取得駕照可以正式上路。

當然！如果取得駕照而不敢開車或沒機會開車，那麼時間一久你就會

忘記如何開車，正如學會技術分析而不敢下場操作股票，那麼早晚還是會忘記所學。

假如你技術分析學得很好，在股市實際操作時也取得不錯的成果，那麼你就像取得駕照後，開著車欣賞美麗的風景，一切都得心應手。但路上不會只有你一部車在跑，也不可能都是平坦的馬路讓你加速奔馳，你可能遇到「碰瓷哥」故意趴在引擎蓋上說你撞到他，可能遇到前車突然緊急煞車，可能遇到爆胎或車子沒水、沒油的狀況，你要懂得排除與應對。就如同原本是賺錢的狀態，突然一個利空消息造成虧損，或是誤解指標的訊息而做錯方向，此時你只能煞車（停損），慢慢地滑向路邊停下來。

市場的老手對突發狀況或是處理虧損有如基本常識般地自然反應，每個人都了解如何變通處置，只有看到新手犯下錯誤時，你才會恍然大悟，原來不是每個人都了解這些基本常識。

就像老手做錯方向時，會在一定的虧損範圍內出場，因為他們相信死守賠錢的股票是不會有將來的；新手卻是相反做法，他們死抱著賠錢的股票不動，幻想著市場總有反轉的一刻。

事實上是賠錢的股票很難讓你等到賺錢的一天，套牢的資金不會增加你的財富，只有自由的資金才會增加收入。

要練就老手般的身手，除了不斷的經驗累積外，不斷地學習及吸收新知識是必需的，經驗的累積靠時間，而學習技術分析的知識本書可以提供幫助。

技術指標百百種，但是除了直接反應價格及成交量的指標，都容易發生反應落後於行情的現象。因此本書的分析主軸為反應價格的 K 線、移動平均線再搭配成交量。

不過有一些重要而常見的輔助性指標如相對強弱指標（Relative Strength Index，RSI）、隨機指標（Stochastics，KD）、平滑異同移動平均線指標（MACD），讀者也必須有一定的了解。本章的解說將以 RSI、KD 及 MACD 為主。

天數參數及超買超賣區的進出場設定

8-2

　　無論 RSI、KD、MACD，都包含兩組平均線，一般認為當數值達 80 以上代表賣點，20 以下代表買點，建議依產業別而加以細分。

技術分析的天數參數設定

　　RSI、KD 及 MACD 皆是採取兩條均線交叉來判斷買賣點的進出時機，均線的天數設定影響指標的用途，如採用 5 日平均線，反應就比 20 日平均線來得激烈。如果你操作週期長，就應設定較長的操作天數，反之亦然。此外，過短的天數設定（例如 5 日）雖說比較敏感，但容易誤判，過長的天數（例如 20 日或以上）設定容易出現指標鈍化，喪失進出場的好時機點。

　　圖 8-2-1（A）的技術指標 RSI 天數的參數設定採取（5, 20）也就是 5

圖 8-2-1　在採用技術分析時，天數參數的設定很重要

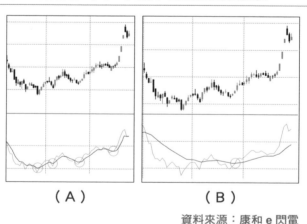

（A）　　　　　　　　（B）

資料來源：康和 e 閃電

天（黑）與 20 天（紅），結果出現 4 次多頭交叉的進場機會。圖（B）的技術指標 RSI 天數的參數設定採取（20, 60）也就是 20 天（紅）與 60 天（黑），結果只出現 1 次多頭交叉的進場機會，投資者可視自己的風險偏好加以調整。目前較多投資者在股市交易，習慣設定 5 天與 10 天作為短中期的操作判斷。

超買超賣區的進出場設定

當股票價格連續地上揚，使得大部分的短線投資人普遍都達到一定的獲利空間時，獲利了結的情形便很容易發生，頭部型態將逐漸地形成，此時市場進入了超買區。反之，當股票價格不斷地下跌達一定的程度時，低檔買盤進場的買氣將逐漸地形成，使市場進入了超賣區。

無論 RSI、KD 均以指標拉高到 80 以上稱為超買區，此時可以賣股或反向做空，指標跌到 20 以下稱為超賣區，此時可以進場買進。但真正在操作股票時會發現，多頭走勢時指標很少會跌到 20 以下，往往 30 至 40 就開始翻多。同樣的行情也可能在 80 以上甚至超過 90 橫向盤整，如果你死守 80 就賣出，可能會少賺一大波或被軋空。

相對的在空頭走勢時，指標可能跌落 20 以下並且繼續走低，在低檔橫向盤整一陣子，而高檔可能達不到 80 就回檔下來，因此如果死板的按照傳統技術書籍來操作股票而不知變通，那麼有可能是無法成交或被套牢。

當然部分的操作者是以短期的指標（5 日藍線）碰觸到買進賣點就動作，並未等短期與中期指標交叉（也就是 5 日藍線穿越 20 日黑線買進，5 日藍線跌破 20 日黑線賣出），其優點是減少線型的干擾，缺點是容易誤判。

有鑑於買賣指標 20 以下、80 以上不容易成交，現在很多投資人把買賣指標改成跌到 40 買進，漲到 70 賣出，雖說增加成交機會，但風險也加大不少。

圖 8-2-2　多頭走勢低檔交叉約在 55 就往上，倒是在 80 上下就交叉向下

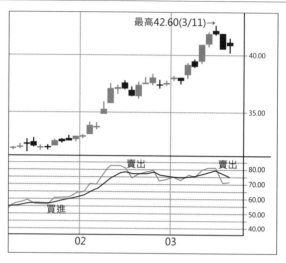

資料來源：康和 e 閃電

　　我們找出三種不同類股相同時間做比較，若以短線（半個月內進出一次以上）的買賣點來分析，半導體買賣點約在 30 至 80、金融買賣點則在 40 至 80、電子買賣點則在 45 至 85，由此可見不同類股強弱不同，買賣超

圖 8-2-3　不同產業，買賣超區域設定就不同

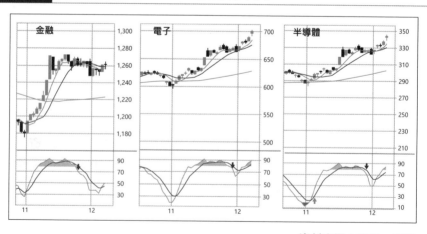

資料來源：康和 e 閃電

的設定點也不相同。

　　我們以大盤當時的短線的買賣點來分析，大盤買賣點約在 45 至 70。因此如果我們想短線成交機率大，則可設為 40 至 70 之間；如果風險承受力比較小，則可將買賣的點設在 30 至 80 之間；長線持有或極保守的投資者還是可以把買賣點設在 20 至 80。當然最好還是在設定的高低檔上下，等短中期指標交叉向上或往下時再進場會更明確。

　　了解天數參數及超買超賣進出場的設定後，我們就可以進入基本技術分析指標的認識及應用。

圖 8-2-4　大盤走勢圖

資料來源：康和 e 閃電

KD 隨機指標 （Stochastics，KD）

KD 全名為隨機指標（Stochastics），由藍恩（George Lane）所創，其綜合動量觀念、強弱指標及移動平均線的優點，早年應用在期貨投資方面，功能頗為顯著，目前為股市中最常用的指標之一。比較適用於股票的短線操作。

根據 George Lane 的觀察，他發現在行情上漲的過程中，股票的收盤價傾向於趨近日線上的高點（最高價），而在下跌的過程中，收盤價則趨近於低點（最低價）。因此，Lane 發展了隨機指標來判斷收盤價與最高價及最低價之間的關係。

公式的推導過程如下所示：

在算 KD 之前，還得先算一個叫做未成熟隨機值（RSV）的東西。

根據 RSV 的意義，它就是把 N 天內的股價總波動做分母，今天的收盤價跟 N 天內最低點的差做分子，用以衡量今天收盤價在這 N 天內的相對位置是強勢還是弱勢。

RSV=（今日收盤價－最近 N 天的最低價）/（最近 N 天最高價－最近 N 天最低價）×100

當日 K 值＝前日 K 值 ×（2/3）＋當日 RSV ×（1/3）

當日 D 值＝前日 D 值 ×（2/3）＋當日 K 值 ×（1/3）

隨機指標在計算中考慮了計算週期內的最高價、最低價，兼顧了股價波動中的隨機震幅，因而人們認為隨機指標更真實地反映股價的波動，其提示作用更加明顯。而且由於 KD 值在計算上融入了行情走勢中的最高價

與最低價，因此它比單單只使用收盤價計算的移動平均線值，在表現行情真正的波動幅度上，更具有參考性與實用性。

KD 隨機指標本身由二條曲線所構成，稱為 %K 線與 %D 線，而其中 %D 線是 %K 線的修正式移動平均。這兩條線值將會在 0 與 100 之間來回震盪，而使用者即利用這兩條線的交叉及變化情形來判斷行情走勢，以做為買賣進出的參考。

KD 隨機指標的買賣超區域大致和 RSI 相同，兩者都屬於攻擊型指標，在原始設計上，RSI 是單一線型上下波動，而 KD 隨機指標則是兩條線型的變化，因此 KD 兩條線各有其不同分析原理：

1 隨機指標的 K 線需要和趨勢線結合判斷，趨勢線就是指隨機指標 K 線兩個以上的高點或低點連線，就是一般投資人熟悉的支撐線和壓力線，當 K 線低檔受到支撐而不會下跌時買進，無法穿過壓力區時賣出。

圖 8-3-1 **KD 指標也可以視為趨勢線來使用**

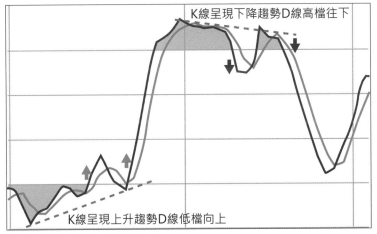

資料來源：康和 e 閃電

（黑色是 K、紅色是 D，以下例子都相同）

2 隨機指標的 D 線主要是用來分析超買超賣，所以 D 線所在的位置具有相當重要的判斷價值。多數的頭部或底部都是出現在 D 值大於 80 或小於 20 的區域中，由 D 值的高低可以明瞭目前行情是處於何種階段。

KD 隨機指標應用原則：

1 當 K 值在 50 以下形成一底比一底高的現象，並且 K 值由下向上連續兩次交叉 D 值時，股價會產生較大的漲幅。

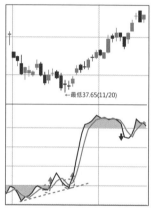

資料來源：康和 e 閃電

2 當 K 值在 50 以上形成一頂比一頂低的現象，並且 K 值由上向下連續兩次交叉 D 值時，股價會產生較大的跌幅。

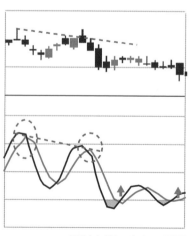

資料來源：康和 e 閃電

股市狙擊手的高勝率 SOP

3 K 線由下向上交叉 D 線失敗轉而向下探底後，K 線再次向上交叉 D
線，兩線所夾的空間叫做「向上反轉風洞」。如下圖所示，當出現
向上反轉風洞時股價將上漲。如下圖所示，反之叫做「向下反轉風
洞」，當出現向下反轉風洞時股價將下跌（向上反轉風洞是在低檔
形成最後 K 線穿越 D 線走高，向下反轉風洞是在高檔形成最後 K
線跌破 D 線走低）。

圖 8-3-2 向上及向下反轉風洞

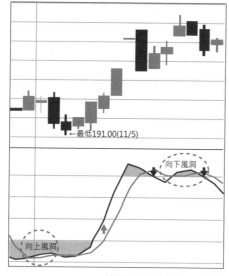

資料來源：康和 e 閃電

4 K 值大於 80，短期內股價容易向下出現回檔，K 值小於 20，短期內股價容易向上出現反彈，但在極強、極弱行情中，KD 指標會在超買、超賣區內出現鈍化現象，並且橫向盤整。如圖所示，股價一路走低，但 KD 線出現橫盤鈍化現象，由於公式設計 KD 線不會跌破 0 或漲超過 100，因此只會出現高低檔鈍化橫盤現象。

圖 8-3-3 KD 指標在極端行情易生鈍化

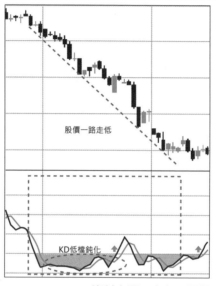

資料來源：康和 e 閃電

5 在極端行情中，D 值大於 90 股價易產生瞬間回檔，D 值小於 15，股價易產生瞬間反彈（見圖 8-3-4）。這種瞬間回檔或反彈不代表行情已經反轉。

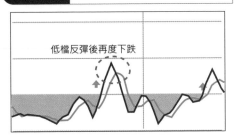

圖 8-3-4　股價瞬間反轉

低檔反彈後再度下跌

資料來源：康和 e 閃電

▶ **6**　如何在 KD 隨機指標產生背離時操作股票呢？當股價一波比一波高時，但 KD 隨機指標卻一波比一波低，這是高檔背離後勢看空，屬於明顯的賣出訊號。相反的是股價一波比一波低時，但 KD 隨機指標卻一波比一波高，這是低檔背離後勢看多，屬於明顯買進的訊號。

圖 8-3-5　KD 線高檔背離後勢看空，低檔背離後勢看多

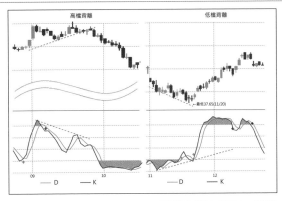

資料來源：康和 e 閃電

▶ **7**　如何在 KD 隨機指標產生鈍化時操作股票？ KD 隨機指標之鈍化與背離有相似之處，背離是指標與股價反方向運動，鈍化則是指標無

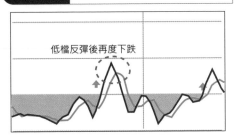

法隨著股價在高檔或低檔繼續上漲或下跌。當然，指標的鈍化並不會讓股價停止繼續走高或下跌，因此在極端強勢或弱勢的股票格局中，如果投資者因指標在高檔或低檔持續的鈍化而提早賣出或買進，往往會錯失一大段多頭行情，或是在低檔被套牢一段時間。

背離與鈍化雖然很相似，但結果卻不同。背離代表行情即將反轉多空易位，但鈍化則是告訴我們行情仍將持續的進行著。因此，背離在線型的變化上很容易看出來，但鈍化究竟要用多長的時間完成很難判斷，所以我們在遇到 KD 隨機指標必須再加入一項技術指標來輔助判斷，那就是 MACD 指標。

當 KD 隨機指標鈍化時，我們將加入 MACD 指標來作為輔助工具，這時可很清楚的看出 KD 隨機指標是在高檔產生鈍化現象，時間約從 1 月底一直延續到 3 月中，但是 MACD 指標始終一路走高，呈現多頭走勢。如果投資者在 2 月初 KD 隨機指標鈍化就耐不住性子賣出股票，那麼將會錯過後面一大段噴出行情，但結合 MACD 來判斷，便可以很安心地繼續持有，直到這兩項指標同時轉為賣出訊號時再放心地賣出，這樣就不會錯過大波段的行情來臨，以及大賺小賠的操作法則。

隨機指標 KD 操作祕技

如何判斷真假訊息

　　大部分的投資者都知道，KD 隨機指標在低檔超賣區出現 K 線穿越 D 線走高是所謂的「黃金交叉」，屬於買進訊號；相反的，KD 隨機指標在高檔超買區出現 K 線穿越 D 線走低是所謂的「死亡交叉」，屬於賣出訊號。這些基本常識大家都具備，但真正操作起來卻不是這麼回事。由於 KD 隨機指標具備靈敏波動快的特性，因此在行情盤整時容易出現不斷的上下交叉，造成投資者不知如何判斷操作。

　　為了讓 KD 隨機指標的操作更順利、判斷更準確，投資者可以經由操作祕技來加以確認訊息的真假以及有效性。

1 當 KD 隨機指標第一次出現黃金交叉時先不急於進場，應該先觀望等待，當 KD 隨機指標出現第二次黃金交叉時，投資者就可以依指標交叉位置的高低以及大盤或個股量能變化情況，來決定是不是要進場買進。如果黃金交叉位置是在 25 以下（多頭格局時可以設定在 30 以下）而成交量也適時放大時，可以進場作多，反之，繼續觀望。

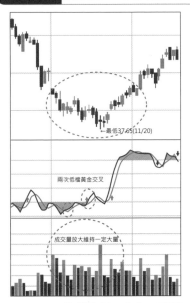

圖 8-3-6　**靜待第二次黃金交叉**

最低37.65(11/20)

兩次低檔黃金交叉

成交量放大維持一定大量

資料來源：康和 e 閃電

2 當 KD 隨機指標於短期之內，在差不多的低檔位置出現連續 3 次的黃金交叉，量能又可以維持一定的大量，且股價和指標呈現底部的背離時，這時候將有一波大幅度的上漲走勢出現。

3 當 KD 隨機指標於短期之內多次交叉，投資者很難判斷走勢時，這時不妨觀察週線 KD 隨機指標是屬於何種走勢，兩相比對就可以明白目前是不是進場的好時機點。

以圖 8-3-8 兩張圖做比較，當該股日線於 11 月 6 日首次出現黃金交叉時，股價還是處於下跌走勢，此時投資人會懷疑指標的準確度。但當週的週線出現黃金交叉，週成交量也逐漸放大，因此初步判斷是買點訊息的提示，當日線在 11 月 14 日再次交叉時，週線的交叉趨勢沒有改變且持續上揚，此時膽大型的投資者可以採取買進動作。當日線於 11 月 21 日出現第三次黃金交叉時，週線還是繼續走高，週成交量沒萎縮，且週線 K 線和 D 線相隔的距離越來越大，這代表多頭行情的確定發動，保守型投資者可以把握這次機會買進，以賺取後面較大波段多頭行情。

4 對於 KD 隨機指標在高檔出現死亡交叉時，也可以用這種方式介入。在平常正常走勢時，死亡交叉位置應該在 75 之上比較有效。遇到強勢股及多頭走勢時，死亡交叉位置可以提高到 80 至 85 之上，並搭配 MACD 指標會更加有利操作。（圖 8-3-9）

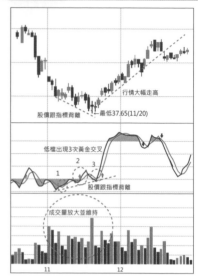

圖 8-3-7　連續三次黃金交叉，股價大漲可期

行情大幅走高
股價跟指標背離　最低37.65(11/20)
低檔出現3次黃金交叉
1　2　3
股價跟指標背離
成交量放大並維持
11　12

資料來源：康和 e 閃電

圖 8-3-8	週線和日線結合運用，效果更好

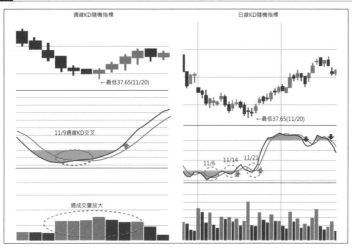

資料來源：康和 e 閃電

圖 8-3-9	以 MACD 指標當作輔助工具

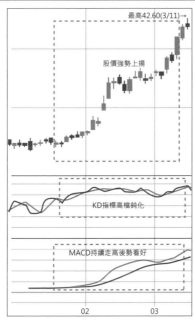

資料來源：康和 e 閃電

CH.08 決定買賣價位的

254
—
255

8-4 平滑異同移動平均線指標（MACD）

中期操作的**趨勢指標**，多數投資人先觀察Ｋ線、平均線、成交量以及MACD。

平滑異同移動平均線指標（以下簡稱 MACD），於 1979 年由一位美國人亞伯（Gerald Appel）所創立，最初的目的是用來分析股票，現已廣泛地使用在大部分的金融商品操作上。

MACD 吸收了移動平均線的優點，運用移動平均線判斷買賣時機，在**趨勢**明顯時功效很大，但如果碰上牛皮盤整的行情，所發出的訊號頻繁並不準確。

根據移動平均線原理所發展出來的 MACD，一來克服了移動平均線假訊號頻繁的缺陷，二來能確保移動平均線最大的戰果。

比較適用於股票的中線操作，很多投資者喜歡在電腦上使用股票操作軟體的設定，將股價走勢圖及成交量和 MACD 放在一起研判股票走勢。之後再切換到其他技術指標，由此可知其重要性（一般股票操作軟體提供的 MACD 有兩種顯示方式，一種為線條交叉方式，其上下區間比較廣，另一種則為柱狀體方式，紅色代表多頭力量，藍色代表空頭力量，其上下區間只在 -1 與 1 之間。至於選擇方面，端看操作者喜好而定）。

MACD 是由 DIF 及 MACD 兩條均線組成，藉由線型出現黃金交叉或死亡交叉以及交叉位置是處於 0 軸之上或之下，來做為操作股票的進出依據。簡單的說，MACD 如果是在 0 軸之上，代表股價處於多頭走勢，0 軸之下代表股價較為偏空，當然還要看成交量及指標交叉位置而定。

圖 8-4-1　MACD 的兩種表現方式

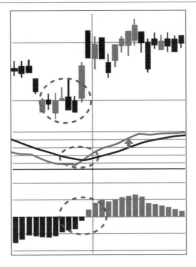

一由 DIF（紅）及 MACD（黑）兩條均線的交
叉來表示買賣點，二由向上或向下柱狀體來表
示，向下代表賣壓，向上代表買氣。

資料來源：康和 e 閃電

MACD 指標應用原則：

1 當 DIF 線由下往上穿越 MACD 線時為買進訊號。

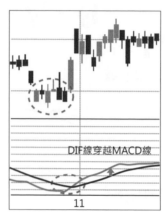

資料來源：康和 e 閃電

2 當 DIF 線由上往下穿越 MACD 線時為賣出訊號。

資料來源：康和 e 閃電

3 MACD 柱狀體由負值轉成正值，市場由空頭轉為多頭。

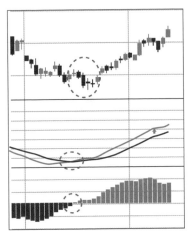

資料來源：康和 e 閃電

4 MACD 柱狀體由正值轉成負值，市場由多頭轉為空頭。

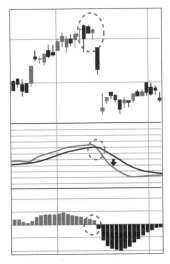

資料來源：康和 e 閃電

5 DIF 與 MACD 均為正值，且都在 0 軸線以上時，趨勢屬多頭市場，DIF 向上突破 MACD 時可買進。

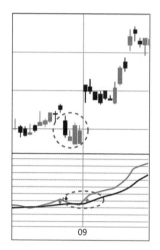

資料來源：康和 e 閃電

6 DIF 與 MACD 均為負值，且都在 0 軸線以下時，趨勢屬空頭市場，DIF 向下跌破 MACD 可賣出。

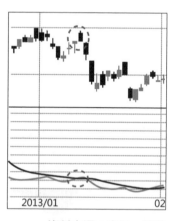

資料來源：康和 e 閃電

背離簡單來說就是價格和指標之間產生了不同的走勢，價格創出新高而指標卻在下降，或者是價格下降而指標卻在上升。總而言之，因為某些因素造成了指標無法和價格形成同步。

那麼為什麼造成了這樣的情況呢？我們知道，我們所要找的是股票**趨勢**，而**趨勢**發掘需要從指標變化中發現，而指標所想表達最核心的內容，就是除了**趨勢**之外更重要的就是加速度。

圖 8-4-2 股價與 MACD 指標出現背離

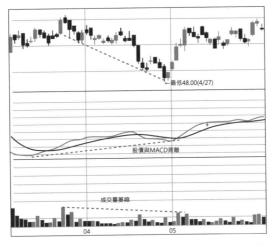

資料來源：康和 e 閃電

我們可以看出加速度的放緩，並不表示**趨勢**會立即停下來，就像人在跑步中被物體絆了一下，他應該會搖搖晃晃很多下，最後才會摔倒，但也可能不會摔倒。所以提醒大家，背離不能代表**趨勢**會立即停止，它只是一個現象、一個提示和一個訊號，當背離現象消失時，股價可能會恢復原先的走勢。

1. 如上圖（圖 8-4-2），股價與 MACD 指標出現背離現象，同時成交量也出現萎縮，這代表空頭力量正逐漸衰退，行情即將出現反轉。

2. 如果背離之後成交量開始放大，股價逐漸上揚，這是對股價已經見底的驗證，投資者可以大膽買進，如果只有價漲量不漲時，應該有下列兩種狀況：

A. 該股長期在低檔低量盤整時間過久，市場交投清淡，因此上漲也無量。

B. 該背離只是長期空頭走勢中的一個調整，待背離現象消失、股價反彈後，股票還是會走回原先空頭走勢。

圖 8-4-3 第二次向上交叉才是進場時機

資料來源：康和 e 閃電

3. 背離型態完成時，DIF 線穿越 MACD 線往上交叉的位置越低，該型態看漲的訊號就越可靠，跟 KD 或 RSI 指標一樣，第一次交叉向上只是做準備，第二次或第三次交叉往上才是進場買進時機。如果最後一次背離現象是在 0 軸完成 DIF 線穿越 MACD 線往上的黃金交叉時，該型態看漲訊息就更強烈。

8 MACD 指標在盤整局面時失誤率較高，但如果配合 RSI 或 KD 指標可適當彌補缺點。

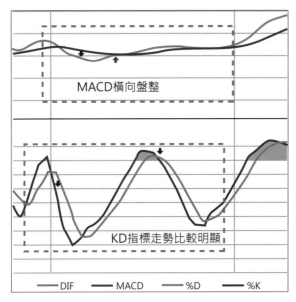

MACD橫向盤整

KD指標走勢比較明顯

— DIF　— MACD　— %D　— %K

資料來源：康和 e 閃電

MACD 指標操作祕技

多頭及空頭的結束如何掌握

1 當紅色柱狀體開始縮小時,表明股市多頭即將結束(或要進入調整期),股價將大幅下跌,這時應賣出大部分股票而不能買入股票。

在下圖中可以發現,當股價還沒創新高價前,紅色柱狀體已開始呈縮小狀,顯示多頭力量並不足夠支撐股價再進一步地走高,這時的多頭需要相當警覺。當紅色柱狀體開始由紅轉黑時,代表行情轉為空方控盤,此時搭配 DIF 線在高檔穿越 MACD 線往下時更為明顯。

但股價還是試圖再度走高,這時為多頭第一逃命點,在高點過不去的情況下,股價在高檔震盪整理準備再度誘多,這時黑色柱狀體不但沒減少,反而越來越長,這表示目前的多頭氣氛都是假象。當股價再度拉高後,吸引追高散戶進場,最後以跳低缺口撞壓股價走低。

圖 8-4-4 出現高檔死亡交叉

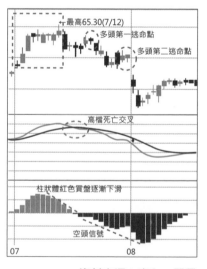

資料來源:康和 e 閃電

2 當紅色柱狀體開始收縮時，表明股市的大跌行情即將結束，股價將止跌向上（或進入盤整），這時可以少量進行長期持有布局，而不要輕易賣出股票。

跟前面一個例子相反的是，當黑色柱狀體開始轉藍時，代表行情轉為多方控盤，此時搭配 DIF 線在低檔穿越 MACD 線由下往上時更為明顯。我們可以由圖中發現，當黑色柱狀體開始轉藍時，股價還沒到達最低點，也就是判斷行情轉變時間點上柱狀體大部分領先線條型指標，多空力量也比較清楚標示。

<table><tr><td>圖 8-4-5</td><td>柱狀體由黑轉藍，代表行情由多方控盤</td></tr></table>

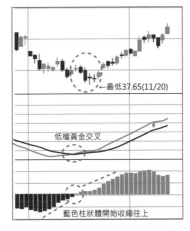

←最低37.65(11/20)

低檔黃金交叉

藍色柱狀體開始收縮往上

資料來源：康和 e 閃電

3 MACD 指標如果出現隔山背離現象時，應儘快減碼觀望。

從上圖我們可以看出，當股價來到近期新高時（圖中 1 號圈），底下的柱狀體也呈現紅色，代表是多方控盤的買盤推升。這時經過一小段回檔調整過後，股價會再度走高，比 1 號圈股價還高，創波段新高，再經過回檔修正後，多頭繼續上攻走高（圖中 2 號圈），但並未再創新高，只是比 1 號圈股價還高。

但是這時候我們看見底下柱狀體是呈現黑色,這代表空方控盤,而2號圈股價比1號圈股價高,MACD指標卻是紅色柱狀體,這種情況就形成了隔山背離現象。出現這種情況的股價後勢大都可能走低,因此多頭投資者可以趁機將手中股票賣出或是減碼觀望。

圖 8-4-6 MACD 指標若隔山背離,應儘快減碼觀望

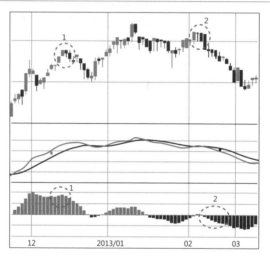

資料來源:康和 e 閃電

8-5 動向指標（DMI）

　　DMI 是「Directional Movement Index」的字母縮寫，這種分析方法通常被翻譯為動向指標。它是由以開發 RSI 聞名的威爾德（J.W. Wilder）所開發的技術指標。DMI 指標的運用原理是根據價格創新高或創新低的幅度大小，和真實波幅來衡量趨勢強弱的分析方法，適用於中長期趨勢判斷。

　　DMI 使用被稱為 +DI、-DI、ADX 的 3 條線條來對市場趨勢的強弱進行分析。

+DI 線

　　+DI（Directional Indicator）這條線又稱為「多方動向指標」，波動範圍介於 1 至 100 之間，簡單來說是顯示出上升趨勢強度的線。通常來說，當價格處於上升趨勢時，+DI 線會向上攀升，而當價格處於下降趨勢時，+DI 線則會向下移動。

圖 8-5-1 +DI 線在 -DI 線之上代表多頭

資料來源：作者整理

-DI 線

　　-DI 線又稱為「空方動向指標」，波動範圍介於 1 至 100 之間，用來顯示出下降趨勢強度的線。簡單來說是顯示出下跌趨勢強度的線，表現方式與 +DI 相反，當價格處於下跌趨勢時，-DI 線會向上攀升，而當價格處於上升趨勢時，-DI 線則會反轉移動。

圖 8-5-2 股價下跌 -DI 在 +DI 之上

資料來源：作者整理

ADX 線

　　ADX（Average Directional Indicator）為平均趨向指數，波動範圍介於 0 至 100 之間，ADX 線僅能用來表示趨勢強弱，一般會以 25 作為分界，ADX 位於 25 以下，盤勢大多處於盤整震盪的行情，而當 ADX 攀升超過 25 時，通常意味著一個新的趨勢正在形成。

　　當 ADX 線開始向上攀升就代表趨勢正在增強，若上升角度越陡，上漲（或下跌）的力道也會越強。而當 ADX 開始反轉向下走時，通常代表趨勢動能降低，盤勢容易陷入盤整的局面。

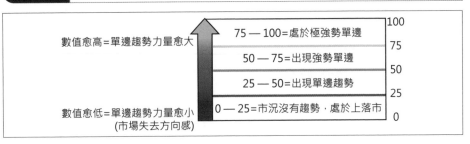

圖 8-5-3 ADX 線強弱判別

數值愈高=單邊趨勢力量愈大

75 — 100＝處於極強勢單邊

50 — 75＝出現強勢單邊

25 — 50＝出現單邊趨勢

數值愈低=單邊趨勢力量愈小
(市場失去方向感)

0 — 25＝市況沒有趨勢，處於上落市

100
75
50
25
0

資料來源：網路

DMI 的交易時機

當 +DI 線向上穿越 -DI 線時，是買進的交易時機；當 +DI 線向下穿越 -DI 線時，是賣出的交易時機。

圖 8-5-4 DMI 交易時機以 +-DI 穿越為主

廣達（2382）

300
275
250
225
200
175
150
125
100
75
50

DMI(一般)　ADX 29.27↑　+DI14 18.12 ↑　-DI14 33.80 ↓

+DI穿越-DI做多　　　　　-DI穿越+DI做空

100
50
0

資料來源：作者整理

DMI 背離

　　DMI 高檔背離：市場價格創出新高，但 +DI 線和 ADX 線卻沒有跟隨創出新高，預示著市場可能見頂。

圖 8-5-5 DMI 高檔背離預示市場見頂

　　DMI 低檔背離：市場價格創出新低，但 -DI 線卻沒有跟隨創出新低，預示著市場可能見底。

圖 8-5-6 DMI 低檔背離預示股價見底

DMI 指標優缺點

1. +DI 及 -DI 相互交叉判斷趨勢方向，僅適用於在多頭或是空頭的趨勢下價格，才會有明確的方向出現。若是處於盤整的行情，+DI 及 -DI 兩線容易出現糾結的情況，這時出現兩線交叉的現象就不具有參考性。

2. DMI 指標適用在趨勢明顯的盤勢，準確率高，尤其是中長趨勢，相當準確，但較不適合短線操作。

3. 補救措施則可以配合其他技術指標 (如 KD、MACD、均線等) 以加強訊號的正確性。

DMI 操作祕技

1. 買進訊號

當行情明顯朝某一方向進行時(不管往多方或空方)，只要 ADX 向上，表示正在上漲或正在下跌的趨勢力道都會增強。

多方：+DI 大於 –DI，此時 ADX 向上，表多方掌控方向。

空方：–DI 大於 +DI，此時 ADX 向上，表空方掌控方向。

因此，當 ADX 線上升時常為多方或空方趨勢轉強。

ADX 線數值突破 25 以上可判斷攻擊趨勢將展開，配合 MACD 效用更好，能把握住一波好行情。

2. 盤整格局

若行情呈現盤整格局時，ADX 會低於 +DI 與 –DI 二條線。

若 ADX 數值低於 20，則不論 +-DI 是誰穿越另一方，均顯示市場沒有明顯趨勢。此時投資人應該退場以靜待行情的出現。

3. 翻轉訊號

當 ADX 從下跌趨勢轉為上漲時，代表目前價格變動趨勢轉強，行情可能即將反轉。是輔助判斷漲勢和跌勢的強弱是否延續的翻轉訊號。

相對強弱指標（Relative Strength Index，RSI）

一輛砂石車和一輛自行車同向西行，砂石車要完全停止所要花費的能量大於自行車。RSI 正是用來衡量股價趨勢的強度，是勇往直前的砂石車，還是隨時可以調頭的自行車。

相對強弱指標（RSI）是由威爾德（Wells Wider）於 1978 年所著《技術分析新概念》所創製的分析方法。利用特定時期內股價的變動情況，來計算市場買賣力量的對比，以判斷股價內部本質強弱、推測價格未來的變動方向的技術指標。

RSI 是以所設定的時距（目前台股投資者多半設在 5 至 10 天之間）之收盤價高低差值換算成比率，形成市場動量的測量指標，其值由 0 到 100。

威爾德以一般商品價格循環時間的一半，即 14 天為標準時距，但目前大部分的投資者針對其投資的商品特性不同而加以修改，台股有人設定短期的天數為 5，中期天數為 10，也有人因自己習慣而修改天數參數。

公式的推算過程如下所示：

相對強弱指標（RSI）=（N 日內上漲總幅度平均值 / N 日內上漲總幅度和下跌總幅度平均值）×100%

在實際運用時，投資人通常會設兩條不同天數的 RSI 線（如前述 5 天及 10 天），以兩線的交叉點搭配指標數值，以研判趨勢的強弱！

一般而言，通常超賣超買區設定 RSI 值在 30 以下與 70 以上，但是也有人訂在 20 以下和 80 以上，不過股市如處於一個過熱的多頭市場或沒量

的空頭市場中，RSI 值超過 90 以上或低於接近 10 上下的機會也並不是沒有，所以超買超賣區的訂定與操作，並不是那麼地絕對。

RSI 指標設計就是反映力量和加速度，但同樣的 RSI 在高檔與低檔時存在鈍化和參數設置的問題，而且 RSI 指標太快太超前，股票往上走揚時（或往下急跌時），它確實需要力量，而且需要有加速度才能維持行進的角度。

但這是屬於平常一般的交易狀況，要是出現籌碼遭到鎖定（主力大量收購股票造成只有極少量股票在市場流通），和市場交易意願空前一致（市場對個股走勢多空看法一致而造成該股出現連續性的漲跌停板）時，RSI 指標的方向趨勢進行就會變成沒有力量。此時市場照樣往上或往下推，而且越推越快，物理學上講，沒有阻力均速運動和靜止是一樣的。而在股票市場阻力就是市場反向買賣盤，所以，RSI 指標對連續漲跌停板的股票，在判斷上是會有失真的時候。

相對強弱指標 RSI 應用原則：

1. 短期 RSI 值由上向下交叉，中期 RSI 並跌破 50，代表股價已經轉
    弱。

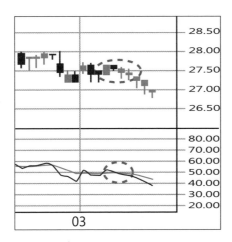

資料來源：康和 e 閃電

2. 短期 RSI 值由下向上交叉，中期 RSI 並突破 50，代表股價已經轉
    強。

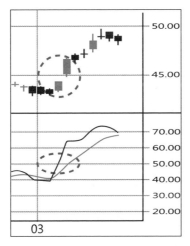

資料來源：康和 e 閃電

3. 股價一波比一波高，而 RSI 一波比一波低，形成背離，行情可能反轉下跌。

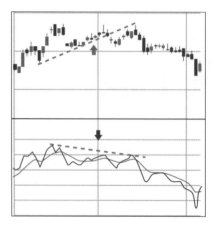

資料來源：康和 e 閃電

4. 股價一波比一波低，而 RSI 一波比一波高，形成背離，行情可能反轉上漲。

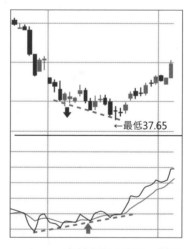

資料來源：康和 e 閃電

5. W 或 M 型頸線的突破，即雙重或多重底部或頂部高低兩低點或頂點間的頸線被突破時，此時顯示行情反轉，可立即進場買進或賣出。

資料來源：康和 e 閃電

6. 將 RSI 的兩個連續低點 A 和 B 連成一直線，當 RSI 跌破這條線時，即可以賣出。

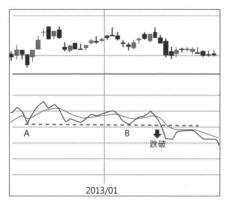

資料來源：康和 e 閃電

7. 為了確認 RSI 是否進入超買區超賣區，或是否穿越了 50 中界線，應儘量使用中期 RSI，以減少騙線的發生。如下圖短期 RSI 上漲超過 50 中界，但中期 RSI 並未跟隨，說明其下跌的走勢並未改變。上漲超過 50 的短期 RSI 為「騙線」，股價後期的逐波下跌證實了這一點，不但如此，短時間內還發生第二次。

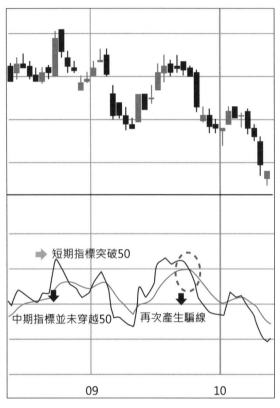

資料來源：康和 e 閃電

相對強弱指標 RSI 操作祕技

掌握大回檔及持續走高的介入時機

前面提到 RSI 指標設計就是反映力量和加速度，因此我們可以將 RSI 當成攻擊型指標（意指應用在期貨交易或股票短線進出參考），但前提就是把握「大賺小賠原則」以及設好停損，以保護資金的安全性。

1 回檔後如何選擇介入點：不論投資者是抱持短線或是長線進出，順勢操作是先決條件。然而順勢操作最常面臨一項困擾，即如何在大幅回檔後（或是反彈後）進場操作。由於此時行情正處於超買或超賣狀態，經常會出現回吐壓力，盤勢將進入短期整理，因此我們可以採取短天期 5 天的 RSI 為其進出指標。

當 RSI 在 75 以上（或是在 30 以下）時先不急於進場，可等待期回落至 75（或反彈至 30）後再進場，此時可將停損設置在 RSI 創下的前次高點以外（或低點以外）不遠處，以便賺取第二波上漲行情。當然投資者如果判斷正確且是順勢操作的話，停損點是不會有機會成交，相反的是停損如果成交，那麼小賠出場是符合「大賺小賠原則」。

圖 8-6-1 中顯示股價來到 A 點時，RSI 指標（A）也剛好碰觸到 30 的低點，此時的股價看起來雖低，很具有買進的吸引力。但我們不知道行情是不是還會繼續再走低，因此根據進場篩選的要件，必須等到 RSI 指標再次下挫後穿越 A 點才是好的進場時機。

果不其然，股價繼續走低創下波段的新低價 28.1 元來到 B 點，這時候 RSI 指標也創下新低點（B），但隨後不久股價開始反彈走揚，RSI 指標也由 B 點向上拉升超越 RSI 指標 A 點，這時符合買進要件而買進。

之後股價一路走高，RSI 指標也跟著拉升來到超過 75 的超買區（1）號位置，此時先不急於出場，因為我們不知道後面是不是還有高價會來。

結果股價繼續走高，RSI 指標也跟著拉升來到（2）號位置後跌落（1）號位置，這時候是賣出的好機會，予以獲利了結，整個交易幾乎買在最低價、賣在最高價。

接著行情走了快 2 個月，才再度出現買進點 RSI 指標 C；跟上個例子不同的是，股價來到 C 點，比 AB 兩點都高，但 RSI 指標 C 卻是比前面 RSI 指標 AB 兩點還低，這時不要因為指標過低而貿然進場。

等指標拉高後再度回落的低點進場，結果股價 D 比股價 C 還低；但相反的是 RSI 指標 D 比 RSI 指標 C 還高，股價跟指標相背離，發生這種狀況時，我們應該選擇相信 RSI 指標買進股價 D，然後將停損放在股價 B 的最低價位 28.1 元。隨後股價及 RSI 指標一路走高，但是一直沒來到超買區，等到股價來到（3）位置時，RSI 指標（3）剛好超過 75，此時不急於賣出，待 RSI 指標創新高後（4）回檔時再賣出，然後完成整筆交易。

圖 8-6-1 如何利用 RSI 指標掌握大回檔後的買點

資料來源：康和 e 閃電

2 股市持續走高時如何介入：如果你忍不住股價已經走了一大波而提前賣股，但是大盤走勢仍然未變而繼續走高，這時候應該如何在適當期間再度進場，常令人猶豫不決，這時候你不妨將短期 RSI 指標由 5 天改成 3 天，並等待其勾型反轉的訊號出現再進場，並且順勢操作。

如圖 8-6-2 顯示，將短天期 RSI 指標由 5 天改為 3 天，指標變得超敏感，這時可以看見 RSI 指標 E 點及 F 點出現下跌後碰觸指標 50，並反轉向上，這是短線再度進場的好時機點，對照股價 E 及股價 F 點也是波段新低點，因此可以大膽買進順勢操作。但是如果短天期 RSI 指標沒反轉向上並跌破50，則證明不是短線再度進場點，必須等到回落後再度穿越 50，並逐步走高型態，才是好的進場點。

圖 8-6-2 股市持續走高時，如何利用 RSI 找到買點

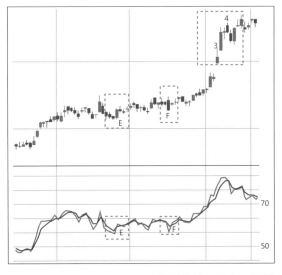

資料來源：康和 e 閃電

3 獲利了結時機判斷：操作股票或期貨，除了應該注意進場時機外，一旦操作正確時，如何確保既得利潤又能兼顧波段行情，是個相當重要的課題，俗話說：「在股票市場會買的是徒弟，會賣的才是師傅。」

我們在第一項進場時機的篩選中提到，RSI 指標拉升來到超過 75 的超買區位置時是預備賣出的訊號，但不是真正的賣出點，要等其創新高後回檔時再行賣出，那要回檔多少點才是賣出時機？如果沒拉高而直接下挫時，該不該賣出呢？我們由下面圖 8-6-3 的圖表來分析。

圖 8-6-3 RSI 由高檔拉回，通常是好賣點

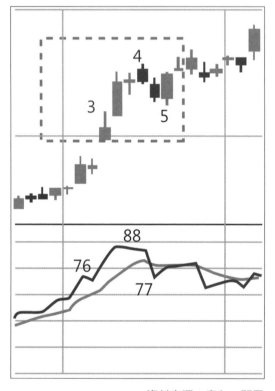

資料來源：康和 e 閃電

當股價來到 3 號位置時，短天期 5 日，RSI 指標（黑）突破 75 來到 76 的高檔區，此時是指標通知你該準備賣股的訊號，我們等其繼續走高後回檔 10 點（RSI 數值）上下時才賣出。例如股價 3 上漲至股價 4 時，5 日 RSI 指標由 76 上升來到 88 後沒再走高而回檔，因此我們必須等到 RSI

指標回檔至 78 才可以賣出。當然不可能剛好是 10 點那麼湊巧，可能前一天還在 10 點範圍內，隔天跌破 10 點以上，當股價由 4 下跌到 5 時，5 日 RSI 指標由 88 下修超過 10 點來到 77，因此約可以賣到那根中紅棒的位置，雖說沒比股價 4 高，但比一超過 75 就賣出的股價 3 強了許多。

那麼如果股價來到 3 的位置時，5 日 RSI 指標來到 76 的高檔區，但是指標沒繼續上漲，反倒下跌時該如何處置呢？

1. 股價 3 是跳空形成的，如果股價完全回補缺口時就要獲利（停損）出場。

2. 由股價 3 算起，股價如果回檔超過近 3 日股價低點，則要獲利（停損）出場。

如果行情未觸及最近 3 日股價的新低或是跳空缺口未補齊，或是高檔回檔幅度沒超過 10 點，顯示原本的趨勢未變，不妨繼續持有，獲取更高的利潤空間。

Chapter 09

股市崩盤的
跡象與處理

　　歷史上股災不斷在發生，人類也不斷在重複著歷史，但以人的本性很容易產生投機的羊群效應，容易跟隨眾人追高行情，導致股價與實際企業價值偏離太遠，最後造成股市崩盤。我們無法預測股災何時來臨，但我們能做的就是避開風險，並學會如何危機入市。

台股經歷 20 多年震盪之後，於 2020 年 12 月 8 日再創歷史新高，來到 14,360 點之上，並和台積電連袂創下多項紀錄。與過去大漲相同點是台幣由 31 元升值至 28.3 元，不一樣的地方是過去行情走強是散戶推升，目前則是法人外資主導。在美、英新冠肺炎疫苗即將施打，美國總統大選後不確定因素也將消除，預期美國科技股仍有高點，有助台股維持盤堅走高。

　　過去台股由高點崩落，通常是在大家一致看好、無防備情況下發生，因此，居安思危操作宜在樂觀中謹慎，是投資者在高檔震盪中所需要具備的基本技能。本書撰寫的目地是教導投資者標準操作 SOP，就算是遇到股災崩盤也能提早發現，避開風險。在這裡簡單講講過去 10 年來 4 個最有代表性的股災，分別是 2011 年 8 月股災、2015 年 8 月股災，以及 2018 年 10 月股災，還有 2020 年 3 月的股災。並且搭配技術分析解說，讓投資者可以知道在高檔時適當避開崩盤行情。

2011 年 8 月股災：美債危機引爆全球股市重挫

　　2009 年 12 月，穆迪、標普和惠譽相繼下調希臘主權評級，歐洲主權債務危機爆發，隨後歐洲其他國家也相繼陷入危機，以西班牙、意大利和葡萄牙最為嚴重。

　　受此影響，美股在 2010 年 4-6 月震盪下跌。隨著歐洲財長會議達成總額 7,500 億歐元的緊急援助計畫，陷入困境的歐洲各國也相繼頒布財政緊縮政策，市場對債務危機的擔憂有所緩解，美股止跌回升。

　　但到了 2011 年 8 月初，美國未能在最後期限就債務上限達成一致，美股接連暴跌，標普 500 在 8 月 2 日和 8 月 4 日分別下跌 2.6% 和 4.8%，8 月 8 日更是暴跌 6.7%，造成全球股市集體重挫。台股受此影響，從 8 月開始連續走跌，在之後的 4 個多月裡不斷走跌，一直到 2011 年 12 月，指數最低來到 6,609 點後，才開始一波較大反彈。而這個最低點，也是台股這 10 年來的最低點。

　　2011 年 8 月的突發利空在技術分析上是無法避開的，但順著指令賣

出，可以避開後面4個月的連續下跌，並且保留元氣以待買進的機會。果然2013年的買點出現後，一波大漲走勢很快將前面虧損補齊。有時懂得適當停損，以退為進，才能在市場長久生存。

圖 9-1 突發利空無法避開，但是依技術分析賣出，可以減少虧損

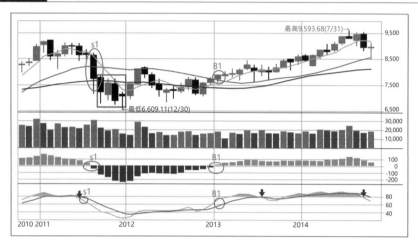

資料來源：作者提供

2015 年 8 月股災：中國股災拖累台股走跌

　　中國上海、深圳兩市股市交易的指數在短期內出現暴跌的事件。從2015年初開始，兩市持續上升，勢頭猛烈。其實，從2014年起，A股便開始發生很大的變化。2014年上證綜指上升53%，深證成指上升34%，跑贏全球股票市場。進入2015年，股市的猛增勢頭，從2014年12月31日到2015年6月12日近五個半月裡，上證綜指驟升60%，而深證成指更是暴漲122%。上海證券交易所綜合股價指數（上證綜指）於6月12日一度到達5,178.19點高位，之後急速下挫，並於8月26日低見2,850.71點；滬深300指數亦由6月9日5,380.43點高位下跌至8月26日低見2,952.01點，上證綜指及滬深300指數於兩個多月急跌45%；深圳證券交易所成分股價指數（深證成指）亦由6月15日18,211.76點高位下跌至9月15日低見9,259.65點，深證成指於3個月急跌近一半。

至於深圳創業板指數更由 6 月 5 日 4,037.96 點歷史高位下跌至 9 月 2
日低見 1,779.18 點，創業板指於不足 3 個月跌幅高達 55.9%。台股受此衝
擊，短短 4 個月內從 10,014 點下跌到最低 7,203.07 點，投資人受傷慘重。

　　2015 年 8 月股災，技術分析的操作可以提早一個月出現賣出警訊，
短線操作如果賣股兼放空，不會有太大的虧損，如果不敢放空，則可等待
2016 年中的買進機會，也能快速回補利空的虧損。

圖 9-2　2015 年股災，技術分析提前一個月提出警訊

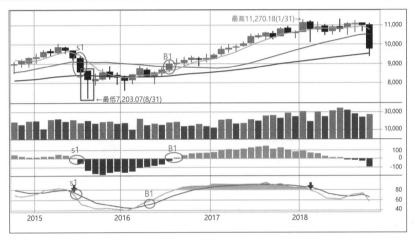

資料來源：作者提供

2018 年 10 月股災：美中貿易戰來到最高峰

　　與過去股市重挫，包括亞洲金融風暴、網路泡沫化、美國次貸風暴相
比，2018 年 10 月的股災肇因於美中貿易戰，不同在於前三次股災緣自於
市場性系統風險，其為難以控制的金融事件。

　　這次股災原因是貿易戰，始作俑者是美國川普。川普的一言一行牽動
市場情緒，川普可以決定貿易戰結束之日。從紐約到上海直到台灣，投資
人面對這些拋售潮似乎無處可躲。

　　而美國股市長達 10 年的牛市終於失去上漲的力道，標普 500 指數在

9 月創新高後，接下來的 24 天中有 19 天下跌同步抹去該年以來的漲幅，台股從 2018 年 10 月初開始走跌。

國慶連假前從 10 月 1 日 11,051.8 點下跌到 10 月 9 日 10,466.83 點，並在連假後演變成單日爆跌，10 月 11 日一個交易日大跌 6.31%，指數走弱到 2019 年 1 月 4 日最低 9,382.51 點才止跌反彈。

2018 年 10 月股災發生時，技術分析就有提早 3 個月示警，可見如果是天災或突發性利空，技術分析無法躲過，但會提醒減碼避開。如果是持續醞釀的利空，則出現股災前會提早告知。由此可知，技術分析還是一門靠譜的趨勢預測系統。

圖 9-3　2018 年股災，技術分析提前三個月提出警訊

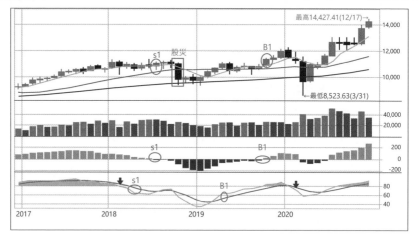

資料來源：作者提供

2020 年 3 月股災：新冠狀病毒帶來全球經濟衰退疑慮

進入 2020 年，由於 2019 年新冠狀病毒疫情逐漸開始在中國以外地區蔓延，2 月 24 日，道瓊指數和富時 100 指數當日跌幅超過 3%，並在之後的一週內經歷 2008 年金融危機以來最差的表現。

2020 年 3 月 9 日，即黑色星期一，當日由於新型冠狀病毒疫情和沙

烏地阿拉伯及俄羅斯因石油生產分歧，油價瞬間暴跌，引發全球股市創下自 2008 年經濟大衰退以來最大單日跌幅。

美股三大指數開盤後全線下跌。其中納斯達克指數跌 7.2%，道瓊指數跌幅為 7.79%，創下次貸危機之後的最大跌幅，標普 500 指數跌 7%，歷史上第二次觸發熔斷機制，美股三大股指全部暫停交易 15 分鐘。

台股在 3 月高點的 11,525 點下跌至 8,523 點，總共下跌了 3,002 點，隨後在全球央行聯手救市以及美聯準會無限 QE 撒錢的助力下，全球股市才轉危為安，美股最終在 2020 年底站上 30,000 點大關，台股也在護國神山台積電突破 500 元的推升下，一舉站上 14,000 點之上的歷史新高。

還是老話一句，突發利空任誰都無法避開，當下只能先採避開方式，因為根本不知這利空是像雷曼事件一樣無法收拾，或是像中國股災一樣輕輕掃過。唯一可做的事就是先避開止血，待好的時機點再回來，留著青山在，不怕沒柴燒。

未來投資者很容易遇到這種每 2-3 年出現一次的股災行情。因此，投資時應保留一定部位的現金，不可全然投入所有資金，要保留資金的靈活度。比如巴菲特即便在道瓊指數要衝破 3 萬點時，仍持有 1,200 多億美元，相當於 35% 的現金比率。其次，在股市漲幅加速時，宜保持冷靜的頭腦，選擇強勢上漲股操作，並善設停損，把握瘋狂的第 5 波賺錢效應，並準備好現金以待崩盤時低檔有資金加碼。

4 次股災給投資人的啟示

經過比較全球歷史上幾次重要股災和政府救市政策與效果後，我們可以得出以下幾點啟示：

1. 股票市場有自身漲跌規律。所有的股災均發生在股票價格偏高時期，而且泡沫化程度越高，跌幅越深。尤其股價脫離基本面，完全是投機炒作時，跌幅越兇。

2. 槓桿工具會放大股市的波動。比如美國 1929 年股災、1987 年股災、台灣 1990 年股災以及 2015 年的中國股市。

3. 如果股災發生在經濟週期上升期或降息週期，股市具有較強的恢復能力，而且調整較淺、較快，有基本面或政策面、資金面的支撐。但是如果股災發生在經濟週期下降期或加息週期，股市恢復力較弱且調整較深。

4. 政府救市是正常的逆週期調節，因為股票市場也是市場經濟體系之一，因此需要政府逆週期調節。比如股市過熱時加息，股市暴跌時注入流動性、降息、減少股票供給等。

從 2008 年至 2020 年這 12 年之間，全球央行只要遇到股災或是其他不可抗拒因素，想都不用想直接撒錢救市，雖然簡單、粗暴，但確實有效。所謂「萬般利空不敵寬鬆」，但過度依賴撒錢來解決經濟問題，將導致股市創新高容易崩盤，或是股災發生的時間不斷縮減。

Chapter 10

谷底的識別

　　投資者通常都懷抱著買在低點賣在高點的想法，但何謂谷底？股價是否已經跌到相對低點，這考驗投資者的經驗和膽識。

　　通常股價在大跌了一段之後，仍未遠遠跌至底部，但由於缺乏經驗判斷，使得許多的投資人慘遭套牢，所以如何快速辨識底部形成，投資者可由技術分析及基本面分析去判斷。

技術面判斷

1. 圖表模式分析:雙底型態通常在市場底部形成,但還有其他圖表模式,如頭肩底、盤整區域等,也可能提供有關底部的信息。這些模式通常需要時間來發展和確認,因此需要耐心等待。

   一個好的抄底策略是要等待底部訊號獲得確認,顯示長空落底後,底部確定完成,那麼後續上漲的潛在空間,就很可能大於再次大跌的下跌空間,故確認底部訊號後的抄底策略,投資勝率也才會高。

圖 10-1 底部型態越扎實,上漲力道越強勁

資料來源:作者整理

2. 交易量判別：當市場接近底部時，觀察成交量的變化非常重要。
成交量的增加可能表明底部即將到來。如果出現凹洞量後再度放
量，並且在底部出現大的長紅棒，都可能是見底的訊號。

圖 10-2 凹洞量之後如出現長紅棒急拉也是底部形成

資料來源：作者整理

3. 支撐和壓力：研究過去的價格波動，特別是支撐位置和壓力位置，可提供有關未來走勢的信息，支撐位置是價格在下跌過程中反彈的價格水平，而壓力位置是價格在上升過程中回落的價格水平。如果市場在接近支撐位置處停止下跌，這也可能表示底部形成。

圖 10-3　過去的支撐位置會成為下個底部區域

資料來源：作者整理

4. 移動平均線：使用不同期限的移動平均線，例如短期 20 天平均線和長期 240 天平均線，觀察它們的交叉和走勢方向，當短期平均線穿越長期平均線時，可能表明底部形成。

圖 10-4　當 20 日均線穿越 240 天均線代表底部形成

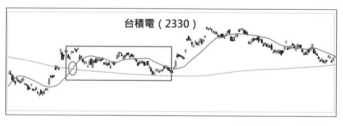

資料來源：作者整理

5. 多重時間框架分析：將不同時間框架的技術分析結合在一起，例如日線圖、週線圖和月線圖，以獲得更全面的視角。一個底部可能在短期時間框架上顯示不同的特徵，但在長期時間框架上也需確認。

圖 10-5 不同時間相同技術分析判斷趨勢形成

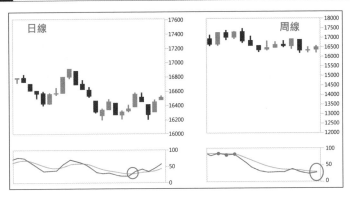

資料來源：作者整理

6. 趨勢線：繪製趨勢線可以幫助你觀察市場的趨勢。當市場的下跌趨勢線被突破時，這可能是底部形成的信號。

圖 10-6 突破下降趨勢線底部形成

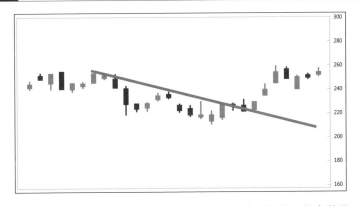

資料來源：作者整理

CH.10 谷底的識別

基本面判斷

底部形成可能受到公司基本面、經濟環境和行業趨勢等多種因素的影響。請確保對你感興趣的股票或市場的基本面有一定的了解。如出現下列情況或許也是見底的現象：

1. 利多不漲：在股價的主跌段，會出現許多利多不漲的現象，這時候股價容易加速下跌趕底，這有助於底部的到來。

2. 利空不跌：當市場頻頻傳出利空消息，股價此時候卻沒有再跌破低點，這時可以說股價已開始出現觸底的現象。

由統計數據判斷底部

按過去空頭市場的特性，台股大盤月線月 KD 指標由高點出現死叉向下，經由 19 個月後可以判斷接近底部。

此波大盤由 2021 年 7 月 KD 指標出現死叉，經過 19 個月後在 2023 年 2 月見底，跟實際最低點月份只差 3 個月，雖不中但亦不遠。

圖 10-7　由統計數據判斷大盤落底時間點

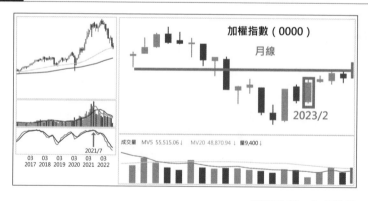

資料來源：作者整理

MEMO

MEMO

MEMO

台灣廣廈 國際出版集團
Taiwan Mansion International Group

國家圖書館出版品預行編目（CIP）資料

股市狙擊手的高勝率SOP：讓你班照上，股照炒的系統化技術分析指南 / 陳
榮華著，-- 初版 . -- 新北市：財經傳訊出版社, 2023.11
　面；　公分 . --（view；64）
ISBN 978-626-7197-43-1（平裝）
1.CST: 股票投資　2.CST: 投資技術　3.CST: 投資分析

563.53　　　　　　　　　　　　　　　　　　112017987

財經傳訊
TIME & MONEY

股市狙擊手的高勝率SOP：
讓你班照上，股照炒的系統化技術分析指南

作　　者／陳榮華　　　　　編輯中心／第五編輯室
　　　　　　　　　　　　　編 輯 長／方宗廉
　　　　　　　　　　　　　封面設計／張天薪・內頁排版／菩薩蠻
　　　　　　　　　　　　　製版・印刷・裝訂／東豪・弼聖・秉成

行企研發中心總監／陳冠蒨　　　線上學習中心總監／陳冠蒨
媒體公關組／陳柔彣　　　　　　數位營運組／顏佑婷
綜合業務／何欣穎　　　　　　　企製開發組／江季珊

發 行 人／江媛珍
法律顧問／第一國際法律事務所 余淑杏律師・北辰著作權事務所 蕭雄淋律師
出　　版／財經傳訊
發　　行／台灣廣廈
　　　　　地址：新北市235中和區中山路二段359巷7號2樓
　　　　　電話：（886）2-2225-5777・傳真：（886）2-2225-8052

全球總經銷／知遠文化事業有限公司
　　　　　地址：新北市222深坑區北深路三段155巷25號5樓
　　　　　電話：（886）2-2664-8800・傳真：（886）2-2664-8801
郵 政 劃 撥／劃撥帳號：18836722
　　　　　劃撥戶名：知遠文化事業有限公司（※單次購書金額未達1000元，請另付70元郵資。）

■出版日期：2023年11月
ISBN：978-626-7197-43-1